向井 理、ビストロ修行
Osamu Mukai
ハングリー！な簡単レシピ53

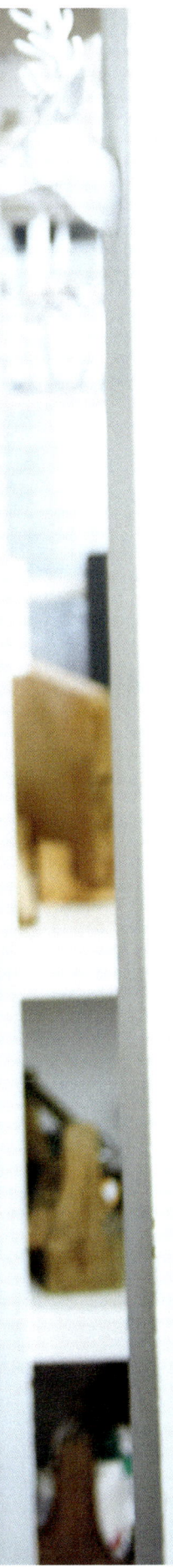

Préface

はじめに

向井 理
フレンチシェフに
挑戦します。

　今回、ドラマ『ハングリー!』で本格的なフレンチシェフの役に扮しています。これまで僕はイタリアン、和食とけっこう何でも作ってきたほうですが、実はフレンチだけはちょっと別。しかもやってみると、これがけっこう難しくて。料理にはずっと興味があって、中学のときには自分でメシを作り始めていましたし、高校時代には将来は料理人になろうかな、と考えたこともあったくらい。学生時代はダイニングバーでアルバイトをしたり、卒業後はバーで働いたりと、ずっと料理を近くに感じてきました。でも、フレンチといえば特別な日に食べるものとか、格式が高いというイメージであまり馴染みがなく、自分で作ることもほとんどなかった。今回、僕が演じる山手英介が仲間と一緒に作る「ル・プティシュ」は、汚い格好をした男たちが、誰でも来られる店を目指して奮闘する新しいタイプのレストラン。ドラマを通して、そしてドラマにも登場するメニューをはじめフランス料理を家庭的にアレンジしたこの本のレシピを試してみて、僕と同じように少しでもフレンチを身近に感じてもらえたらいいな、と思います。

向井 理、ビストロ修行
Menu

2　はじめに
　　〜向井 理　フレンチシェフに
　　挑戦します。〜

[前菜]
Entrées

12　鱈のコロッケ
14　豚のリエット
15　鯵のリエット サラダ添え
16　ツブ貝のエスカルゴ風
　　オムレツのフレッシュトマトソース
18　ブルーチーズのドフィノワ
　　スモークサーモンのムース
19　鶏肉のエスカベッシュ
　　アッシパルマンティエ

[野菜料理&サラダ]
Légumes et Salades

22　ニース風サラダ
24　野菜のテリーヌ
25　トマトで包んだ魚介のファルシ
　　トマトのジュレを添えて
26　ラタトゥイユ
27　にんじんラペサラダ
　　野菜のグレック
28　シーザーサラダ
　　ニース風オニオンタルト
29　にんじんのムース

30　ドラマ『ハングリー!』と向井 理

34　Column　01
　　「ル・プティシュ」のメニューで、
　　フランス料理名を解読！
　　これだけ押さえれば
　　心配無用です。

[スープ]
Potages

38　鶏のポトフ
39　オニオングラタンスープ
40　じゃがいものスープ
41　トマトと白インゲン豆のスープ

[魚料理]
Poissons

42　ラングスティーヌの
　　香草パン粉焼き
44　白身魚のバスク風
45　イサキのロール焼き
　　鯛の蒸し物
　　アサリとかぶのスープ仕立て
46　サーモンのソテー
　　タプナード添え
　　魚のブレゼ ニース風
47　簡単ブイヤベース
48　鯛のソテー
　　シャキシャキ野菜のスープ仕立て
49　ホタテ貝のソテー
　　赤ピーマンとにんにくのソース

[肉料理]
Viandes

- *52* 鶏肉のコンフィ
- *54* 鶏のヴィネガー風味
- *55* 牛肉のグリル
  じゃがいものピュレ添え
  豚バラ肉の煮込み
  キャベツ添え
- *56* 若鶏のグランメール風
- *57* シューファルシ
- *58* 鶏の赤ワイン煮込み
  豚肉のロティ キノコ添え

- *60* Interview
  〜料理と自分。〜

- *66* Column 02
  料理がワンランクアップする、
  盛り付けと演出のコツがあります。

[ごはんもの]
Riz

- *70* ハッシュドビーフ
- *71* ライスグラタン

[おつまみ]
Petits mets

- *72* 白身魚のベーニェ
- *73* じゃがいもとローズマリーの
  薄焼きタルト
- *74* マグロとアボカドのタルタル
  チーズのガレット
  鶏のエピス焼き
  チーズフォンデュ

- *80* Column 03
  いろいろ使える！ 簡単！
  フレンチ・ソース＆トッピングを
  マスター！

- *82* Column 04
  仕上がりプロ級をお約束。
  調理をアップグレードしてくれる
  精鋭たち。

[デザート]
Desserts

- *84* 洋梨とチーズのタルト
- *86* 柑橘のマリネサラダ バジリコ風味
- *87* 赤いベリーの瞬間アイスクリーム
  パンペルデュ
- *88* 薄焼きリンゴのタルト
- *89* イチゴのロマノフ

- *92* プロダクションノート
  『ハングリー！』の現場から。

- *94* 材料別インデックス

---

*材料の分量は特に表記がない場合、2人分です。
*1カップは200㎖、大さじ1は15㎖、小さじ1は5㎖です。
*電子レンジの加熱時間は600Wのものを使った場合の目安です。500Wの場合は1.2倍してください。また機種によって多少の差が生じることがあります。
*オーブンの焼き時間、温度は機種によって多少の差が生じることがあります。
*ブイヨン、コンソメスープ、フォン・ド・ヴォーは、市販の固形あるいは粉末スープの素を商品表示通りの割合で湯に溶いたもの、あるいは缶入りスープの分量です。

あー、お腹すいた！
さて、今日は
何を作ろうかな。

Entrées

[前菜]

鱈のコロッケ
Croquettes de morue

材料
鱈　2切れ
オリーブオイル　少々
じゃがいも　¼個
溶き卵　¼個分
パセリみじん切り　適量
塩、こしょう　少々
小麦粉　適量
溶き卵　適量
パン粉　適量
揚げ油　適量

アイオリソース
　マヨネーズ　大さじ3⅓
　牛乳　小さじ1
　にんにくすりおろし　少々
　サフラン　少々

作り方
1　鱈は塩を少量振り、ラップをして1日冷蔵庫に置く。
2　フライパンを熱してオリーブオイルを入れ、水気をしっかりと切った1を焼く。中まで火が通ったら、身を細かくほぐす。
3　じゃがいもは皮をむいて電子レンジで柔らかくなるまで火を通し、木べらなどでつぶしておく。
4　2と3に溶き卵¼個分、パセリ、塩、こしょうを加えて混ぜ、好みの形に丸める。小麦粉、溶き卵に浸してパン粉を付け、油で揚げる。
5　アイオリソースを作る。材料を上から順に加え、よく混ぜる。
6　器に4を盛り付け、5を添える。

Point!
鱈はヨーロッパの人が大好きな食材。中の具材には火が通っているから揚げるときは強火じゃなくて大丈夫。パン粉を1度ざるでふるえば、きめ細かな仕上がりで感動！

Entrées [前菜]

豚のリエット
Rillettes de porc

材料
豚肩肉ブロック　125g
豚バラ肉ブロック　125g
にんにく厚めの薄切り　1かけ分
玉ねぎ厚めの薄切り　½個分
ラード　大さじ1
白ワイン　¾カップ
水　1カップ
ローリエ　少々
塩　小さじ½
塩、粗挽き黒こしょう　少々
バゲット薄切り　適量
イタリアンパセリ　適量

作り方
1. 豚肩肉、豚バラ肉はどちらも3cm角に切る。
2. フライパンに豚バラ肉の脂を下にして入れて強火にかけ、脂を出しながら焼き色を付ける。豚肩肉も途中で加え、同じく焼き色を付ける。
3. 別鍋にラードを熱し、にんにくと玉ねぎを色よく炒める。
4. 2の肉を3の鍋に加えて白ワインを入れて軽く煮立たせ、アルコールを飛ばす。
5. 分量の水を注ぎ、ローリエ、塩を加えてふたをし、弱火で3時間煮込む。途中、3～5回に分けて全部で1½カップの水（分量外）を加える。
6. 肉が柔らかくなったらざるで漉し、具と煮汁に分ける。ローリエは取り出す。
7. 6の煮汁を焦げる手前、かなり濃度の付いた状態まで煮詰める。
8. 6の具をボウルに入れ、木べらで細かくほぐす。
9. 8のボウルに7の煮詰めた汁を加え、氷水に当てて混ぜながら冷やし、ラードで肉をコーティングするように混ぜる。塩、粗挽き黒こしょうで味を調える。
10. ココットに9を盛り、バゲット、イタリアンパセリを添える。

Point!
脂控えめでさっぱりとした味が癖になる、激旨リエット。肉を弱火で煮る間は、時々様子を見ながら水を足して。水分がなくなると肉がカラカラになっちゃうので注意。

材料
鯵　2尾
塩　大さじ½
砂糖　大さじ½
こしょう　少々
レモンの皮千切り　少々
オリーブオイル　大さじ1
コリアンダー（パウダー）　少々
ピンクペッパー（あれば）　少々

ドレッシング
- トマト　1個
- 塩、こしょう　少々
- コリアンダー（パウダー）　少々
- レモン汁　大さじ1
- オリーブオイル　大さじ4

ごぼうチップ　少々
ベビーリーフ　1袋
レモンくし形切り　2個

作り方
1. 鯵は三枚におろし、塩、砂糖、こしょう、レモンの皮を混ぜたものを振りかけ、皮を下にして5分置く。さっと水洗いし、水気を拭く。
2. 1の鯵の皮をむき、それぞれ5等分に切る。オリーブオイル、コリアンダー、あればピンクペッパーと和える。
3. ドレッシングを作る。トマトを1cmの角切りにし、残りのすべての材料と合わせる。
4. 2を器に盛り付け、3をかける。ごぼうチップ、ベビーリーフ、レモンを添える。

Le Petit Chou のメニュー

鯵のリエット サラダ添え
Rillettes de chinchard

Point!

イタリアンでいうカルパッチョのこと。コリアンダーの香りがヨーロッパ風アクセント。最初に振りかける塩、砂糖、レモンの皮は、染み込みにくい鯵の皮側に多めに。

Entrées [前菜]

ツブ貝のエスカルゴ風
Bulots au beurre d'escargot

オムレツの フレッシュトマトソース
Omelette au sauce tomate fraîche

材料
冷凍ツブ貝　100g　　　バター　20g
にんにく　1/2かけ　　　パン粉　10g
玉ねぎ　小1/10個　　　塩、こしょう　少々
プチトマト　1個　　　　パセリみじん切り　大さじ1
　　　　　　　　　　　バゲット薄切り　適量

作り方
1　ツブ貝は真ん中の内臓を取り除き、水洗いをしてそれぞれ3〜4等分に切る。
2　にんにく、玉ねぎはみじん切り、プチトマトは5mmの角切りにする。
3　フライパンにバターを溶かし、にんにく、玉ねぎを炒め、香りが立ったらツブ貝を加えて炒める。プチトマト、パン粉を加えて軽く合わせ、塩、こしょうで調味し、パセリを加える。皿に盛り付け、バゲットを添える。

Point!
ツブ貝がなかったら、ほかの貝で代用しても問題なし。炒めたときに縮んだ貝から水分が出るけど、パン粉が吸収してくれるから一石二鳥。香ばしくてお酒が進む！

材料
卵　4個　　　　　　　　フレッシュトマトソース
塩、こしょう　少々　　　　ケチャップ　大さじ1
サラダ油　少々　　　　　　酢　大さじ2
　　　　　　　　　　　　　砂糖　大さじ3
　　　　　　　　　　　　　チキンブイヨン　大さじ5
　　　　　　　　　　　　　塩　少々
　　　　　　　　　　　　　水溶き片栗粉　大さじ1
　　　　　　　　　　　　　フルーツトマトくし形切り　2個分
　　　　　　　　　　　　　バジル粗みじん切り　3枚分

作り方
1　フレッシュトマトソースを作る。ケチャップ、酢、砂糖、チキンブイヨン、塩を合わせて鍋に入れ、沸騰させる。水溶き片栗粉でとろみを付ける。
2　フルーツトマトを加え、少し煮てから濃度を確認し、バジルを加える。
3　オムレツを作る。卵をボウルに割り入れ、塩、こしょうをしてよく混ぜる。フライパンでサラダ油をよく温め、半量の卵を流し入れる。ゴムべらを使い、フライパンの周囲から内側に手早くかき集めるようにして、半熟の状態になったら奥に寄せる。フライパンを手前に傾け、柄を叩いたあとゴムべらで卵をひっくり返す。残りの卵で、もう1つのオムレツも同様に作る。
4　皿に盛り付け、フレッシュトマトソースをかけて仕上げる。

Point!
卵は周囲から火が通るので、外から内へと手際よくかき集めるようにして焼くのがコツ。フッ素樹脂加工のフライパンとゴムべらを使ったら、レストラン並みの形に！

Entrées [前菜]

ブルーチーズのドフィノワ
Gratin dauphinois

材料
じゃがいも　大1個（250g）
牛乳　⅔カップ
生クリーム　大さじ2⅔
塩、こしょう　少々
ナツメグ　少々
にんにくみじん切り　少々
タイム　1枝
ブルーチーズ　40g

作り方
1. じゃがいもは皮をむき、5mm厚さに切る。鍋にじゃがいも、牛乳、生クリーム、塩、こしょう、ナツメグ、にんにく、タイムを加えて混ぜ、じゃがいもに火が通るまで5分くらい弱火にかける。
2. グラタン皿に1を入れてブルーチーズを加え、香ばしい焼き色が付くまで200℃のオーブンで約10分焼く。

Point!
ブルーチーズの風味や香りが苦手な人でも食べやすくて、最高においしい。とろけるチーズなど、冷蔵庫に余っているものを使っても大丈夫。シンプルな味わいもいけます。

スモークサーモンのムース
Mousse de saumon

材料
スモークサーモン　100g
クリームチーズ　30g
生クリーム　大さじ2
牛乳　大さじ1⅓
オリーブオイル　小さじ½
レモン汁　小さじ½
万能ねぎ小口切り　1本分
砂糖　小さじ½
塩、こしょう　少々
ディル　少々
食パン薄切りトースト　1枚

作り方
1. スモークサーモンはみじん切りにする。
2. 常温に戻したクリームチーズはゴムべらでよく練り、生クリーム、牛乳を加える。
3. 2を泡立て器でムース状になるまで混ぜる。
4. 3に1を加えてよく混ぜ、オリーブオイル、レモン汁、万能ねぎ、砂糖、塩、こしょうで味を調える。
5. 器に4を盛り付けてディルを飾り、食パンのトーストを添える。

Point!
クリームチーズと生クリーム、牛乳をムース状になるまで混ぜるとき、タイミングを見計らって軽めで止めるのがコツ。やりすぎて、ボテッと重くならないように。

鶏肉のエスカベッシュ
Escabèche de suprême de volaille

材料
鶏胸肉　100g　　　オリーブオイル　大さじ1
玉ねぎ　½個　　　塩、こしょう　少々
にんじん　小1本　　赤ワインヴィネガー　大さじ3
にんにく　½かけ　　小麦粉　少々

作り方
1. 鶏胸肉は細切り、玉ねぎは薄切り、にんじんは千切り、にんにくはみじん切りにする。
2. フライパンにオリーブオイルを半量入れ、玉ねぎ、にんじん、にんにくの順に歯ごたえが残るようにさっと炒める。仕上げに塩、こしょう、赤ワインヴィネガー大さじ2を加え、バットに取る。
3. 同じフライパンに残りのオリーブオイルを入れ、小麦粉をまぶした鶏胸肉をよく炒める。仕上げに塩、こしょう、赤ワインヴィネガー大さじ1を加え、バットに取る。
4. 2と3を混ぜ合わせてなじませ、皿に盛り付ける。

Point!
野菜を炒めすぎるとシャキシャキ感がなくなって台無しになってしまうので、注意を。塩を振ることで野菜の優しい甘さがいっそう引き立って、いくらでも食べられそう。

アッシパルマンティエ
Hachis parmentier

材料
メークイン　2個　　　ナツメグ　少々
牛ひき肉　100g　　　サラダ油　大さじ1
玉ねぎみじん切り　小¼個分　チキンブイヨン　½カップ
牛乳　½カップ　　　ピザ用チーズ　20g
バター　20g　　　　パセリ　適量
塩、こしょう　少々

作り方
1. メークインは横3分の1程度に切り、大きいほうの中をスプーンなどでくりぬく。中身は柔らかくなるまでゆで、ボウルに取る。木べらでつぶしながら牛乳、バター、塩、こしょう、ナツメグを加えてよく混ぜ、マッシュポテトにする。
2. ふたと器にするメークインは食べられる固さになるまでゆでる。蒸し器や電子レンジで加熱したりしても可。
3. フライパンでサラダ油を熱し、牛ひき肉と玉ねぎを炒め、チキンブイヨンを入れ、塩、こしょう、ナツメグで味を調える。
4. 2の器に3と1を重ねて入れ、ピザ用チーズをのせて、ふたと一緒にトースターで焼き色を付ける。パセリを振る。

Point!
味の決め手となるマッシュポテトは、牛乳で濃度を調節しながら、しっかりと練るのが肝心。裏ごしすれば口当たりがもっと滑らかになって、めちゃめちゃおいしい！

Légumes et Salades

[野菜料理&サラダ]

ニース風サラダ
Salade niçoise

材料
グリーンカール（レタスでも可）　2枚
ピンクロッサ（サニーレタスでも可）　2枚
セルバチコ（ルッコラでも可）　1束
インゲン　10本
メークイン　1個
トマト　1個
ゆで卵　1個
黒オリーブ　8個
アンチョビ　4枚
ツナ（缶詰）　30g
塩　少々

ヴィネグレットソース
赤ワインヴィネガー　大さじ1
塩、こしょう　少々
マスタード　小さじ1
オリーブオイル　大さじ4

作り方
1. グリーンカール、ピンクロッサ、セルバチコを食べやすい大きさにちぎる。
2. インゲンを歯ごたえのある固さに塩ゆでし、冷水に取る。メークインは皮をむいて1cm厚さに切り、水（分量外）と一緒に鍋に入れて、くずれないようにゆでる。トマトは湯むきしてくし形に、ゆで卵は半分に、黒オリーブ、アンチョビは食べやすい大きさに切り分ける。ツナはほぐしておく。
3. ヴィネグレットソースを作る。ボウルに赤ワインヴィネガー、塩、こしょう、マスタードの順に入れ、泡立て器でしっかり合わせる。オリーブオイルを少しずつ加え、マヨネーズのように乳化するまでよく混ぜる（P80参照）。
4. 1と2を皿に盛り付け、3をかける。

Point!
ドレッシングを作るとき、油と酢ってなかなか混ざらないけど、マスタードを入れると乳化を促進してくれる。赤ワインヴィネガーの代わりに白ワインヴィネガーを使ってもOK。

Légumes et Salades [野菜料理&サラダ]

テリーヌ型がなくても豆腐パックで作れるなんて意外！ 具材は冷蔵庫の余りものでも全然大丈夫。冷たいテリーヌを切り分けるときは、湯で包丁を温めておくとうまくいくよ。

野菜のテリーヌ
Terrine de légumes

材料

キャベツ　1枚
長ねぎ　1/4本
にんじん　1/4本
カリフラワー　1/8個
しいたけ　4枚
インゲン　6本
赤ピーマン　1個
チキンコンソメスープ　1 1/2カップ
板ゼラチン　12g
パセリ　少々
塩、こしょう　少々

作り方

1　キャベツは芯を削ぐ。長ねぎは豆腐パックの横の長さに、にんじんは縦に長い四つ割りに切る。鍋にチキンコンソメスープを入れ、キャベツ、長ねぎ、にんじん、カリフラワー、しいたけ、インゲンを順にゆで、それぞれ冷ます。半割りにした赤ピーマンはグリルで表面が黒く焦げるまで焼き、水に取って焦げた部分をむいてへたを取り、果肉を平らに広げる。

2　1で材料をゆでたチキンコンソメスープに水で戻した板ゼラチン、みじん切りしたパセリを加え、塩、こしょうで調味して粗熱が取れるまで冷ます。

3　豆腐パックの内側全体にキャベツを敷き、赤ピーマンをのせる。長ねぎを中心に置き、両サイドにインゲン、カリフラワーを順にのせる。その上ににんじん、しいたけを並べ、赤ピーマンを敷いて、2を流し入れる。キャベツで隙間ができないようにふたをして、冷蔵庫で3時間以上固める。

4　豆腐パックからそっと出し、切り分けて盛り付ける。適宜余ったコンソメスープジュレとパセリを添える。

材料

- トマト　2個
- アサリ　8個
- イカ　1/10ぱい
- カニの身（缶詰）　1/3缶
- 板ゼラチン　適量
- 白ワイン　大さじ4
- オリーブオイル　少々
- パセリ　少々
- アサツキみじん切り　少々
- マヨネーズ　大さじ1
- レモン汁　小さじ1
- ブランデー　数滴
- 塩、こしょう　少々
- 湯煎卵　少々
- アサツキ　適量

作り方

1. トマトは湯むきして、上部（へた側）を切って中身をスプーンで取り除く。上部とくりぬいた中身は電子レンジで約2分加熱してつぶしながらペーパーで漉し、汁に塩を振って味を調える。汁の重さを量り、その4％の板ゼラチンを水で戻して溶かし入れ、冷蔵庫で固めてトマトのジュレを作る。
2. 砂抜きしたアサリをよく洗って鍋に入れ、白ワインを加えてふたをして強火で蒸し煮にする。口が開いたらすぐに取り出して殻から外す。イカは1cm角に切り、オリーブオイルで炒める。
3. ボウルにカニの身を入れてほぐし、2のアサリ、イカを加えて、パセリ、アサツキみじん切り、マヨネーズ、レモン汁、ブランデー、こしょうを混ぜ合わせる。
4. 1の中身をくりぬいたトマトに3を詰めて逆さに盛り付け、周りに刻んだトマトのジュレとみじん切りのアサツキ、アサリを適宜添え、上に湯煎卵をのせてアサツキを飾る。

トマトで包んだ魚介のファルシ
トマトのジュレを添えて

Tomate farcie aux fruits de mer
avec sa gelée de tomates

Point!
数滴加えたブランデーの甘い香りが、魚介のおいしさをグレードアップ。めちゃうまっ！　板ゼラチンは湿気に強くて粉より重宝する。常備しておくと何かと使えそう。

Légumes et Salades ［野菜料理＆サラダ］

ラタトゥイユ
Ratatouille

材料
- 玉ねぎ　¼個
- トマト　1個
- なす　2本
- 赤ピーマン　½個
- ズッキーニ　½本
- にんにく　1かけ
- トマト缶（ホール）　100g
- タイム　1本
- ローリエ　1枚
- バジル　5枚
- オリーブオイル　大さじ2
- 塩、こしょう　少々

作り方
1. 玉ねぎはみじん切りに、トマト、なす、赤ピーマン、ズッキーニは食べやすい大きさに切る。
2. にんにくをつぶして鍋に入れ、オリーブオイル大さじ1でゆっくりと炒める。香りが出たら玉ねぎを加えて炒め、トマト缶のトマトを汁ごと入れて鍋の中でつぶす。
3. トマトを入れる。なす、赤ピーマン、ズッキーニはフライパンに入れてオリーブオイル大さじ1を加え、強火でさっと炒めて鍋に入れる。タイム、ローリエを加え、塩、こしょうで味を調えて、ふたをして弱火で15～20分ほど煮込む。
4. バジルをちぎってのせる。

Point!
南フランスではポピュラーな料理。鍋にふたをして蒸し煮にすると、野菜の甘さが引き出されておいしくなる。オリーブオイルは控えめにして、あっさり食べよう。

にんじんラペサラダ
Carottes râpées

材料
にんじん　1½本
ドレッシング
{ マスタード　小さじ1
  レモン汁　大さじ2
  塩、黒こしょう　少々
  オリーブオイル　½カップ

作り方
1. にんじんは千切りにして、少し塩（分量外）を振ってしんなりさせる。
2. ドレッシングを作る。ボウルに材料をすべて入れ、よく混ぜ合わせる。
3. 1と2を和えて器に盛り付ける。

野菜のグレック
Légumes étuvées à la grecque

材料
小玉ねぎ　3個　　　　にんにく　½かけ
にんじん　⅓本　　　　コリアンダー（ホール）　2g
セロリ　½本　　　　　塩、こしょう　少々
カリフラワー　2房　　はちみつ　小さじ1
小かぶ　1個　　　　　白ワイン　⅜カップ
マッシュルーム　3個　ローリエ　1枚
オリーブオイル　小さじ4　イタリアンパセリ　適量

作り方
1. 小玉ねぎは皮をむき、半分に切る。にんじん、セロリ、カリフラワーは食べやすい大きさに、小かぶは6等分のくし形に切り、マッシュルームは半割りにする。
2. 鍋にオリーブオイル、つぶしたにんにく、コリアンダーを入れ、香りが出るまで炒める。
3. 小玉ねぎ、にんじん、セロリ、カリフラワーを加え、塩、こしょうを振る。小かぶ、マッシュルームを加え、はちみつ、白ワイン、ローリエを入れてふたをして、水分が少し残るくらいまで煮詰める。
4. 皿に盛り付け、イタリアンパセリを添える。

Point!
にんじんはきれいな千切りにしないで！切れ味の悪い包丁かチーズおろし器などを使って表面をギザギザに仕上げると、ドレッシングがよく染み込みます。

Point!
コリアンダーとかスパイスって買っても使いきれずに残してしまいがち。でも、こうやって野菜を蒸し煮するときに入れれば大活躍間違いなし。目からウロコ！

Légumes et Salades [野菜料理&サラダ]

シーザーサラダ
Salade César

材料
ローメンレタス　適量
サラダ菜　適量
ベーコン　2枚
クルトン　適量

ドレッシング
マヨネーズ　½カップ
レモン汁　大さじ½
にんにくすりおろし　少々
アンチョビ　2枚
牛乳　小さじ4
パルメザンチーズ　30g
ウスターソース　小さじ1
黒こしょう　少々

作り方
1　ローメンレタス、サラダ菜は食べやすい大きさに切り、冷水に放ってパリッとさせて水気を切る。
2　ドレッシングを作る。ボウルに材料をすべて入れ、よく混ぜ合わせる。
3　ベーコンを短冊切りにして、フライパンで色よく焼く。
4　1と2を合わせて器に盛り、3とクルトンを上にのせる。

Point!
しっかりと混ぜてぽってり仕上げた手作りドレッシング。野菜に程よくからんで、すごくいい感じ。手をかけることこそが本格的な味への一番の近道。

ニース風オニオンタルト
Tarte à l'oignon niçoise

材料
玉ねぎ　2個
冷凍パイシート　1枚
塩　少々
オリーブオイル　大さじ1
バター　10g

作り方
1　玉ねぎは薄切りにして塩を振り、フライパンに入れてオリーブオイル、バターであめ色になるまで強火で炒める。途中、焦げそうになったら少量の水（分量外）を加える。
2　オーブンシートの上に冷凍パイシートをのせ、180℃のオーブンで約10分焼く。途中で膨らんできたら上にバットなどをのせ、薄く焼き上げる。
3　2を食べやすい大きさに切り分け、1を添える。

Point!
ニースの郷土料理の1つ。玉ねぎをゆっくりと時間をかけて炒めるのも好きだけど、忙しいときは水を加えながら強火で炒めれば、10分程度に短縮することもできます。

にんじんのムース
Mousse de carotte

材料
にんじん薄切り　1½本分(150g)
バター　8g
牛乳　大さじ3⅓
水　大さじ3⅓
ローリエ　½枚
塩、こしょう　少々
生クリーム
　　できたにんじんピュレの半量
コンソメスープ　1カップ
板ゼラチン　3g
セルフィーユ　適量

作り方
1. 鍋にバターを入れ、にんじんがしんなりするまで炒め、色が付く前に火を止める。牛乳、水、ローリエ、塩、こしょうを入れて沸かし、にんじんが柔らかくなるまでふたをして約20分煮る。
2. 鍋のふたを開けて水分を飛ばしたら、ローリエ以外のすべてをミキサーに入れて混ぜる。
3. 2でできたピュレの重さを量り、その半量の生クリームをボウルに入れ、氷水を下から当てながらピュレと同じくらいの固さになるまで泡立てる。2を加え、さっくりと合わせる。
4. ボウルか鍋に温めたコンソメスープを入れ、水で戻した板ゼラチンを加えてよく溶かし、ざるで漉す。下から氷水を当てて冷やす。
5. 器に3を盛り、4を上からかけてセルフィーユを添える。

Point!
デザートみたいに濃厚で滑らか！　塩味のコンソメジュレを添えることで、全体の味のバランスがよくなり、食べやすくマイルドに。完全にレストランの味。

A propos de "Hungry!"

ドラマ『ハングリー！』と向井 理

向井 理さんの主演ドラマ『ハングリー！』（毎週火曜22時〜、関西テレビ・フジテレビ系）。
フレンチシェフに扮する向井さんが仲間とともに懸命に働く姿に心が温まり、
冷徹かつやり手のライバルとの火花散るバトルにハラハラさせられる。
刻々と変化する恋の三角関係からも目が離せない……！

Story

　30歳を目前に控えた山手英介（向井理）は、鳴かず飛ばずのロックバンド「ROCKHEAD」のベーシスト。頑固者で愛想もないが、人気フレンチレストラン「ル・プティシュ」オーナーシェフの母・華子（片平なぎさ）の影響で、幼い頃から料理のセンスは抜群。母の急逝をきっかけにミュージシャンから一転、実家の店を継ぐことを決意する。だが、お人好しで画家の父・太朗（大杉 漣）のせいで新進気鋭の実業家・麻生時男（稲垣吾郎）にのっとられた店は、豪華絢爛なレストラン「ガステレア」に様変わり。気を取り直し、元ミュージシャン仲間である住吉賢太（塚本高史）、藤沢 剛（川畑 要／CHEMISTRY）と倉庫で新たに自分の店「ル・プティシュ」を開くが、3歳年上の彼女・橘まりあ（国仲涼子）はシェフの道に後ろ向きで、2人の溝は深まるばかり。一方、英介の作る料理の虜になった9歳年下の農家の娘・大楠千絵（瀧本美織）の気持ちは、いつしか恋心に発展する。バンドの元ボーカリスト平塚 拓（三浦翔平）、華子の時代にパティシエ見習いだった海老名睦子（片桐はいり）もスタッフに加わり、店は細々と軌道に乗り始めるが、麻生は英介に対する敵対心を燃やし、様々な勝負を挑んでくる。そんななか、行方知れずになっている華子のレシピノートの存在を思い出す英介だが……。

1 英介がベーシストとして参加する売れないロックバンド「ROCKHEAD」。第1話ではライブシーンも。**2・3** 英介の母・華子がオーナーシェフを務める人気フレンチレストラン「ル・プティシュ」。蔦の絡まる外観と花のアーチが可愛らしい。**4・5・6** ロックに目覚めた英介は母の期待を振り切り、ミュージシャンの道へ。息子の決断を受け入れ、見守る母。

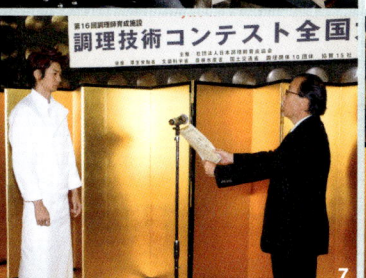 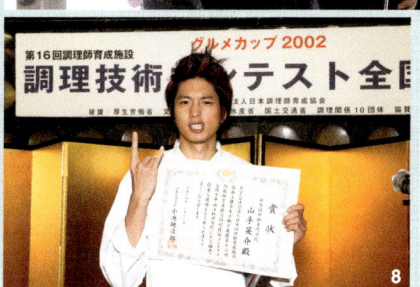

7・8 音楽の傍ら、料理の専門学校に進学し、調理技術コンテスト全国大会で内閣総理大臣賞を受賞する英介。幼いころから料理のセンスはピカイチだった。**9・10** 母の急逝により店を継ぐ決意をするがのっとられ、しかたなく新たに自分の店「ル・プティシュ」を開くことに。開店準備中に偶然出会った千絵と、おいしそうなトマトに引き寄せられて訪れた大楠農園で再会する。

11・12 元バンド仲間の賢太、剛に手伝ってもらいながら、父・太朗のアトリエだった倉庫をフレンチレストランに改装。軽快なロックのリズムに合わせ、荒れた倉庫を片付け、壁を塗り替える。すべて自分たちの手で完了。**13** 手書きで作った「ル・プティシュ」オープンを知らせるビラ。だが開店当初、客は音楽仲間しか訪れず、閑古鳥の鳴く日々。

A propos de "Hungry!"

14・15・16 英介の「ル・プティシュ」。トタンや錆びた鉄骨でできた店内は、レストランらしからぬ荒々しい印象。椅子もバラバラで、あり合わせのものを寄せ集めた感じだが、なぜか温かみを感じさせる。壁には太朗の色鮮やかな絵が。

17・18・19 厨房に立つ英介。無愛想でぶっきらぼうだが、料理は繊細。手書きのメニューにも味がある（メニューの説明はP34）。20 第2話で登場するシューファルシ（作り方はP57）。21 母の店をのっとった麻生のレストラン「ガステレア」を訪れる英介たち。豪華で高級な雰囲気、サービスのよさを評価する一方で、ライバル心が燃え上がる。

22 第2話に登場する、あつあつ鍋のタラとトマトのポトフ。入店したとき険悪な空気だったカップルが、英介の作る料理を食べて一転、心を開いて仲直りする。
23 料理を食べる客の反応を心配そうに厨房から見つめる英介、賢太、剛。

24・25 おいしそうな料理を手際よく次々と作り上げる英介。美しい盛り付けも慣れたもの。
26 オープン当初はなかなか軌道に乗らず、客足もまばら。レストラン経営の難しさに直面しながらも、一方で年上の恋人・まりあとのぎくしゃくした関係に頭を悩ませる英介。

Column 01

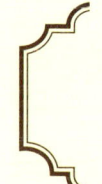 

「ル・プティシュ」のメニューで、フランス料理名を解読！これだけ押さえれば心配無用です。

フレンチのメニューって何だか難しそうで、どれを頼めばいいかよく分からないことが多いもの。でも、ルールは意外と簡単。前菜、スープ、魚料理、肉料理、デザートというのが基本的な流れで、その中でお腹の具合に合わせて自由に選んで大丈夫。「ル・プティシュ」のメニューで代表的な料理名も押さえれば、もう怖いものなし！

〈 基 本 の メ ニ ュ ー の 読 み 方 〉

鴨肉のコンフィ　　白いんげん豆とクレソン添え
↓　　　　　　　　　　　　↓
素材＋調理法　　＋　　ソースや付け合わせ

複雑に見えるフランス料理名も、構造を理解すればとても単純。最初に豚肉、鴨肉など素材名が来て、次に調理法が、最後にソースや付け合わせの内容が添えられる。

LE PETIT CHOU MENU

〈前菜〉
① 冬野菜のテリーヌ　　　　　　　　　800
　　アジのリエット薫の冬　　　　　　　800
② 豚のリエット　　　　　　　　　　　500
　　サラダパフューム　　　　　　　　　600

〈スープ〉
　　オニオングラタンスープ　　　　　　600
③ スープ ド ポワッソン　　　　　　　800
④ キュルティヴァトゥール　　　　　　600

〈魚料理〉
⑤ タラのポワレ
　　　　葱とフロマージュソース　　　　900
⑥ あつあつ鍋のタラとトマトのポトフ　1200
　　トマトで包んだ魚介のファルシ
　　　　トマトのジュレを添えて　　　1000
⑦ チーズリゾット　タラとトマト
　　　　　タプナードソース　　　　　1300

〈肉料理〉
⑧ 豚肉のロティ　ポムフリット添え　　1400
⑨ 鴨肉のコンフィ　白いんげん豆とクレソン添え　1500
⑩ 鶏のバロティーヌ　　　　　　　　　1300
⑪ シューファルシ　　　　　　　　　　1000
　　和牛の塩釜切り出し
　　　カリフラワーとブロッコリーのピュレ添え　2000
⑫ アッシパルマンティエ　　　　　　　1000
⑬ 豚とキャベツのブレゼ　　　　　　　1500
　　鶏胸肉のペルシャードサラダ添え　　1200
⑭ 若鶏のグランメール風　　　　　　　1200
　　キステーキ　ポムフリット添え　　1800

〈その他〉
　　バゲット　　　　　　　　　　　　　200
　　ライスもございます

〈お飲み物〉
　　グラスワイン白・赤　　　　　　　　450
　　デキャンタ、ボトルでの注文も承ります
　　ビール、食後のコーヒー、紅茶もご用意してます。

8 ロティ *rôti*

(「豚肉のロティ　キノコ添え」P58)
肉のロースト料理。なお、じゃがいものことを「ポム ド テール」（大地のリンゴ）と言い、「ポムフリット」はフレンチフライを指す。

9 コンフィ *confit*

食材を長期に保存できるようにする調理法。肉や果物などを脂肪分や砂糖に浸けて低温で加熱する。「鶏肉のコンフィ」（P52）を参照。

10 バロティーヌ *ballottine*

鶏肉や鴨肉を袋状にして中にひき肉などの種を包み、筒状に仕上げたもの。一方、牛などを使う大型のものはガランティーヌと呼ぶ。

1 テリーヌ *terrine*

(「野菜のテリーヌ」P24)
すりつぶした肉や魚、野菜などをテリーヌ型と呼ばれる直方体の容器に入れ、オーブンで焼いたり、冷やして全体を固めたりした料理。

2 リエット *rillettes*

(「豚のリエット」P14)
豚のバラ肉や豚足などゼラチン質の多い部分と野菜などをゆっくりと煮込み、具材をほぐしてペースト状にしたもの。保存食。

11 シューファルシ *chou farci*

(P57)
ロールキャベツのこと。「シュー」はキャベツを指し、「ファルシ」は6の「魚介のファルシ」と同じで、詰め物をしたものを意味する。

3 ポワッソン *poisson*

魚、魚料理のこと。「スープ ド ポワッソン」は魚介のアラを煮込み、丁寧に裏ごしして作ったスープ。味わいは意外なほど濃厚。

12 アッシパルマンティエ *hachis parmentier*

(P19)
ひき肉とじゃがいもの重ね焼き。「パルマンティエ」はじゃがいもを食用として広めた農学者名で、じゃがいも料理によく使われる。

4 キュルティヴァトゥール *cultivateur*

直訳で農民風、農園風を意味する言葉。イタリア料理の「ミネストローネ」のフレンチ版で、具がたくさん入った野菜スープのこと。

5 ポワレ *poêler*

昔は蒸し焼きにすることだったが、最近はフライパンに油を入れ、表面がカリッとするように焼くことを指すのが主流。

13 ブレゼ *braiser*

ふたをした鍋など密閉した容器の中で、ごく少量の水分でゆっくりと蒸し煮する調理法。「魚のブレゼ ニース風」（P46）を参照。

6 ファルシ *farci*

(「トマトで包んだ魚介のファルシ　トマトのジュレを添えて」P25)
袋状にした魚や肉のかたまり、野菜などに詰め物をすること。あるいは詰め物の種。「ファルス」も同じ意味で使われる。

14 グランメール風 *grand-mère*

(「若鶏のグランメール風」P56)
直訳すると「おばあちゃん風」。肉や野菜をブイヨンなどで煮込んだ素朴な料理が多く、田舎風、家庭料理風という意味で使われる。

7 タプナードソース *tapenade*

オリーブの実、アンチョビなどをつぶしてペースト状にした南仏地方のソース。「サーモンのソテー タプナード添え」（P46）を参照。

ほかにも
こんなフレンチ用語があります。

Le terme de la nourriture française

【アイユ】 *ail*
にんにく。すりおろしやみじん切りで料理の風味付けとして使われることが極めて多い。ソースとしてもよく登場する食材。

【アスペルジュ】 *asperge*
アスパラガス。食用としてグリーン、ホワイト、紫がある。前菜、スープ、メインの付け合わせなどとして多用される。

【アニョー】 *agneau*
仔羊。ロティやポワレ、グリエなど幅広い調理法で使われる。フランスで特に人気が高いのはアニョー・ブラン（白仔羊）。

【アミューズ・グール】 *amuse-gueule*
食前酒と一緒に提供される突き出し。あるいは、前菜の前に出される小さな一皿。アミューズ・ブーシュと呼ばれることもある。

【アントルコート】 *entrecôte*
牛のあばら骨の付いた背肉から骨を取り除いた切り身。風味がよく、肉質は柔らかい。ポワレ、グリエ、ロティなどで調理する。

【アントレ】 *entrée*
「メニューの入り口」という意味から、前菜やオードブルを指す場合が多い。前菜には冷たいものと温かいものの2種類がある。

【ヴァプール】 *vapeur*
蒸気。あるいは蒸気を使って素材に火を通す調理法のこと。

【ヴォー】 *veau*
仔牛。特にまだ飼料を食べていない乳飲み牛は貴重で、高級食材の1つになっている。臭みがなく、肉質が柔らかいのが特徴。

【エスカベッシュ】 *escabèche*
肉や魚を油で炒めるなどしてから、酢漬けにしたもの。「鶏肉のエスカベッシュ」（P19）を参照。

【エピス】 *épice*
香辛料、スパイス。フランス料理にはスパイシーなものも多い。「鶏のエピス焼き」（P74）を参照。

【エルブ】 *herbe*
ハーブ、香草。古くから肉中心の食文化であるヨーロッパでは、風味付けのほか、防腐、防臭のために欠かせないもの。

【カスレ】 *cassoulet*
フランス南部、地中海に面するラングドック地方で伝統的に作られる、白インゲンを使った煮込み料理のこと。

【カナール】 *canard*
真鴨を家畜化した鴨。鮮やかな赤色が特徴で、肉質は柔らかく味がいい。ちなみにフォア・グラは餌を与えて太らせた鴨の肝臓。

【ガルニチュール】 *garniture*
メイン料理などに添えられる野菜などの付け合わせのこと。

【キャラメリゼ】 *caraméliser*
砂糖を火にかけてあめ色に溶かすこと。「薄焼きリンゴのタルト」（P88）を参照。

【グラセ】 *glacer*
オーブンなどで焼き色を付けること。野菜にバターや砂糖を加えて艶を付けること。あるいは焼き汁をかけて照りを出すこと。

【グラニテ】 *granité*
コースの中で口直しに出される冷たいお菓子。果汁とリキュールで作られることが多く、アルコールにより食欲も刺激する。

【グリエ】 *griller*
溝の付いた鉄板や網で焼くこと。「牛肉のグリルじゃがいものピュレ添え」（P55）を参照。

【コンジュレ】 *congeler*
冷凍すること。カクテルなどでもよく使われる言葉。

【サルディーヌ】 *sardine*
イワシ。日本同様、フランスでも大衆的でよく使われる食材。オイル・サーディンとして加工され、缶詰などでも売られている。

【ジビエ】 *gibier*
ウズラや鳩、イノシシ、真鴨、野うさぎ、鹿などの猟獣や猟鳥。秋から冬にかけて獲れる野生の食材で、濃厚な味が特徴。

【ジュ】 *jus*
果汁、肉汁、焼き汁など。英語でいうとジュース。

【ジュレ】 *gelée*
ゼリー、またはフォンやブイヨンといっただし汁を濃く煮詰めて冷やし固めたもの。ゼラチンを加えて作る場合もある。

【ソテー】 *sauter*
野菜、魚、肉などを炒めたり、焼いたりすること。

【トリップ】 *tripe*
主に牛の胃など、動物の胃腸のこと。またはそれを使った料理。

【ヌイユ】 *nouille*
麺のこと。特に幅広の手打ち麺を指すことが多い。バター和えにして、煮込み料理などの付け合わせとして使われることも。

【ノワ】 *noix*
くるみの実。油の原料にもなる。

【ピュレ】 *purée*
根菜や豆などを柔らかくゆで、裏ごしして滑らかにしたもの。生クリームやバターなどを和える。付け合わせとして多用。

【ブイヨン】 *bouillon*
スープのベースに用いられるだし汁。牛肉、鶏肉、魚などと野菜をともに煮込んで作る。固形のものも市販されている。

【フォン】 *fond*
ソースのベースに用いられるだし汁。仔牛のすね肉などを煮込んだものをフォン・ド・ヴォーといい、調理によく使われる。

【プーレ】 *poulet*
生後8〜16週程度の若鶏。肉質は柔らかく、さまざまな料理に使われる。フランスではとても好まれている食材の1つ。

【フロマージュ】 *fromage*
チーズ。カマンベールなどの白カビタイプ、ロックフォールなどの青カビタイプなど多種多様。コースではメインの後に。

【プワーヴル】 *poivre*
こしょう。スパイスの一種で、黒こしょう、グリーン・ペッパー、ピンク・ペッパーなどがあり、料理の味を引き立てる。

【ベーニェ】 *beignet*
衣揚げのこと。肉や魚だけでなく果物などを揚げたものも。「白身魚のベーニェ」(P72) を参照。

【マリネ】 *mariner*
酢や油、酒などに漬け込むこと。「柑橘のマリネサラダ バジリコ風味」(P86) を参照。

【ミルポワ】 *mirepoix*
比較的大きめの角切りにしたもの。完全な立方体とは限らない。にんじん、玉ねぎ、セロリなどの香味野菜を指すこともある。

【ムータルド】 *moutarde*
マスタード。粉末を塩、ワインヴィネガー、ワインなどで練ったものをフレンチ・マスタードと呼ぶ。瓶詰めなどで購入可。

【モンテ】 *monter*
ソースの仕上げにバターを加えて乳化させ、艶と濃度、風味を付けること。または、泡立てることを指す。

【ラグー】 *ragoût*
肉または魚などを小さなかたまりに切り分けて、野菜と一緒に煮込むこと。ソースなどに使われることが多い。

【ロティール】 *rôtir*
ローストすること。オーブンの中で肉のかたまりなどに油をかけながら焼く。その料理をロティと呼ぶ。

Potages
[スープ]

Le Petit Chou の メニュー

鶏のポトフ
Pot-au-feu

材料
- 鶏もも肉　2枚
- じゃがいも　小4個
- 小玉ねぎ　4個
- にんじん　¼本
- セロリ　½本
- 塩、こしょう　少々
- サラダ油　少々
- ブイヨン　3カップ
- パセリ、タイム、ローリエ などのハーブ　適量
- アサツキ　2本

作り方
1. 鶏もも肉は半分に切り、塩、こしょうを振る。じゃがいも、小玉ねぎは皮をむき、にんじんとセロリは一口大に切る。
2. 鍋にサラダ油を入れて熱し、1の鶏もも肉の両面に焼き色を付ける。小玉ねぎ、にんじん、セロリ、ブイヨン、ハーブを加え、野菜が柔らかくなるまで約30分弱火で煮込む。途中15分くらい経った頃、じゃがいもを加える。
3. 塩、こしょうで味を調えて皿に盛り付け、適当な長さに切ったアサツキを散らす。

> **Point!**
> ドラマでは鱈とトマトを使ったけど鶏肉でより簡単に。じゃがいもが煮くずれないように、ほかの野菜と時間差をつけて加えるのが上手に作るポイント。

オニオングラタンスープ
Soupe à l'oignon

材料
- 玉ねぎ薄切り　2個分
- バター　30g
- ブイヨン　3カップ
- 塩、こしょう　少々
- バゲット薄切り　4枚
- グリュイエールチーズ　少々
- パセリみじん切り　少々

作り方
1. 鍋にバターを入れ、玉ねぎがあめ色になるまでゆっくりと弱火で炒める。
2. 1にブイヨンを入れ、塩、こしょうで味を調えて弱火で10分ほど煮る。
3. 耐熱容器に2を注ぎ、バゲット、グリュイエールチーズをのせ、220℃のオーブンで8分くらい焼く。
4. オーブンから取り出し、仕上げにパセリを散らす。

> **Point!**
> 最大のポイントは玉ねぎをじっくりとあめ色になるまで弱火で炒めること。ここを乗り越えればオーブンに入れて焼くだけだから、急ぎたくなるのをぐっと我慢して。

Potages [スープ]

じゃがいものスープ
Potage crème parmentier

> *Point!*
> じゃがいもにちゃんと火を通さないと、舌触りがざらざらするから要注意！ ピュレをミキサーから鍋に戻すとき、ざるで漉す手間をかけると、さらに滑らかに。

材料
- 玉ねぎ薄切り　小½個分
- じゃがいも乱切り　小1個分
- バター　20g
- ブイヨン　1カップ
- ローリエ　1枚
- 牛乳　1カップ
- 生クリーム　¼カップ
- 塩、こしょう　少々
- ナツメグ　少々
- クルトン　少々
- パセリみじん切り　少々

作り方
1. 鍋にバターを入れ、玉ねぎを炒める。しんなりしたら、じゃがいも、ブイヨン、ローリエを加え、柔らかくなるまで15分程度煮る。
2. ローリエを取り出し、すべてミキサーに入れてピュレ状にする。
3. 2を鍋に戻して弱火にかけ、牛乳、生クリームを加えて塩、こしょう、ナツメグで味を調える。皿に盛り付けてクルトンとパセリを散らす。

トマトと白インゲン豆のスープ

Soupe de haricots blancs aux tomates

Point!
インゲン豆はフランスでは何にでもよく使う基本的な食材なんだそう。とろーりとしたやみつきになりそうな食感の秘密は、スープに入れて煮込んだバゲットです！

材料

- にんにく　½かけ
- ベーコン薄切り　20g
- トマト　2個
- バゲット　25g
- 白インゲン豆（水煮、なければ赤インゲン豆でも可）　150g
- オリーブオイル　大さじ1
- ブイヨン　1¼カップ
- 塩、黒こしょう　少々
- パルメザンチーズ　少々
- パセリみじん切り　少々

作り方

1. にんにくは薄切りに、ベーコンは千切りに、トマトは湯むきして1cm角に、バゲットは2cm角に切る。
2. 鍋にオリーブオイルとにんにくを入れて加熱し、ベーコン、トマトの順で炒める。トマトがくずれたらバゲット、ブイヨン、白インゲン豆を入れて煮立たせ、塩、黒こしょうで味を調える。
3. 2を皿に盛り、パルメザンチーズとパセリを散らす。

[魚料理]

Poissons

ラングスティーヌの
香草パン粉焼き
Langoustine grillées à la persillade

材料
ラングスティーヌ
　（なければブラックタイガー、
　大正エビでも可）　4尾
塩、こしょう　少々
ローズマリー　適量
レモンくし形切り　適量
香草パン粉
　⎰ 生パン粉　100g
　⎱ パセリざく切り　3本分
　　にんにくみじん切り　½かけ分
　　オリーブオイル　少々

作り方
1. ラングスティーヌは半分に割り、塩、こしょうを振ってグリルで色よく焼く。
2. 香草パン粉を作る。すべての材料をフードプロセッサーかミキサーに入れてしっかりと混ぜる（P81参照）。
3. 1に2を振りかけ、トースターなどで5分ほど焼き、こんがりと仕上げる。ローズマリーとレモンを添える。

Point!
ラングスティーヌを頭付きのまま焼き上げるから、ミソの香りが食欲をそそります。トースターで仕上げられて、簡単。ただし、くれぐれも焼きすぎないように。

Poissons [魚料理]

材料
- スズキ　2切れ
- にんにくみじん切り　½かけ分
- 赤唐辛子　½本
- 玉ねぎ薄切り　小⅓個分
- 赤ピーマン短冊切り　½個分
- 黄ピーマン短冊切り　½個分
- トマト缶（ホール）　1缶分（約250g）
- グリーンオリーブ　10個
- ケッパー　10g
- 塩、こしょう　少々
- オリーブオイル　適量
- 粗挽き黒こしょう、粗塩　少々

作り方
1. スズキの皮目に数カ所の切り込みを入れ、塩、こしょうを振る。フライパンでオリーブオイル少々を熱し、スズキを皮目から入れてしっかり焼く。
2. 鍋にオリーブオイル大さじ2、にんにく、赤唐辛子を加え、香りが出たら玉ねぎを加えて炒める。赤ピーマン、黄ピーマンを加えてしんなりするまで炒め、5mm角に切ったトマトを入れて10分くらい弱火で煮込む。グリーンオリーブ、ケッパーを加える。
3. 皿に2を敷き、1を置く。上に粗挽き黒こしょう、粗塩を振る。

白身魚のバスク風
Filet de bar poêlé à la basquaise

Point!
スペインとの国境にあるバスク地方の煮込み料理。スズキなど白身魚なら何でも合うと思う。皮目で8割火を通し、最後にひっくり返して軽く焼くとふっくら完成。

イサキのロール焼き
Rouleau d'Isaki

材料
- イサキ　1尾
- エリンギ1cm角切り　1パック分
- にんにくみじん切り　少々
- オリーブオイル　適量
- 塩、こしょう　少々
- パセリみじん切り　少々
- 春巻きの皮　4枚
- ソース
  - マヨネーズ　大さじ4¼
  - にんにくすりおろし　少々
  - タバスコ　少々
  - サフラン　少々

作り方
1. イサキを三枚におろし、皮を取り、縦半分に切る。塩、こしょうを振る。
2. オリーブオイルを熱したフライパンでエリンギを炒め、にんにく、塩、こしょう、パセリを加える。
3. 春巻きの皮にオリーブオイルを塗り、1に2をのせて細長くなるように包む。
4. フライパンに春巻きが少し浸るくらいのオリーブオイルを入れ、色よく焼く。
5. ソースを作る。すべての材料をよく混ぜ合わせる。
6. 皿に4を盛り付け、5を添える。

Point!
普段より気持ち多めの油をフライパンに引いて春巻きを焼くと、揚げたときと同じように仕上がる。ヘルシーだし、無駄がなくてエコ。白身魚なら何でも代用できる。

鯛の蒸し物 アサリとかぶのスープ仕立て
Daurade vapeur, soupe aux navets

材料
- 鯛　2切れ
- アサリ　150g
- かぶ　2個
- かぶの茎　2個分
- 塩、こしょう　少々
- 日本酒　少々
- 水　1カップ
- オリーブオイル　適量

作り方
1. 鯛に塩、こしょう、日本酒を振って耐熱皿に並べ、ラップをして電子レンジで約2分加熱する。
2. 砂抜きしたアサリを洗って鍋に入れ、水を加えて中火にかける。口が開いたらざるで漉し、アサリと煮汁に分ける。アサリは殻から身を外す。皮をむいて食べやすい大きさに切ったかぶを煮汁とともに鍋に入れ、柔らかくなるまで弱火で煮る。
3. 2のかぶと煮汁をミキサーにかけ、ピュレ状にする。鍋に戻して温め、塩、こしょうで味を調え、オリーブオイルを加える。
4. フライパンにオリーブオイルを入れて熱し、ざく切りにしたかぶの茎を炒める。
5. 器に1、3、4を盛り付け、2のアサリの身を添える。

Point!
アサリとかぶのエキスがたっぷり詰まったスープは、心がほっこり温まる優しい味。鯛は電子レンジでチンするだけと、簡単なのにふっくら蒸し上がるのがうれしい！

Poissons [魚料理]

魚のブレゼ ニース風
Poisson braisé à la niçoise

材料
メバル　1尾
塩、こしょう　少々
オリーブオイル　大さじ4

A ｛
アサリ（砂抜き済）　150g
アンチョビ　1枚
黒オリーブ　10個
ケッパー　10g
ドライトマト　4個
イタリアンパセリみじん切り
　3本分
水　¾カップ
｝

作り方
1. メバルは下処理し、2cm厚さの筒状に切り分け、塩、こしょうを振る。
2. フライパンでオリーブオイル大さじ2を熱し、メバルをしっかりと焼く。
3. 2にAの材料をすべて加え、強火で煮込む。
4. アサリの口が開き、水分が少し煮詰まったら、オリーブオイル大さじ2を加えて仕上げ、皿に盛り付ける。

Point!
フライパン1つで一気に強火で仕上げるのがポイント。もたもたしていると魚が煮くずれたり、ソースが煮詰まりすぎたりして失敗するよ！　アサリの風味も絶品。

サーモンのソテー タプナード添え
Saumon poêlé à la tapenade

材料
鮭　2切れ
塩、こしょう　少々
オリーブオイル　適量
ルッコラ　適量
タプナード
｛
黒オリーブみじん切り　40g
にんにくすりおろし　⅛かけ分
アンチョビペースト　10g
オリーブオイル　大さじ1
塩、こしょう　少々
｝

作り方
1. 鮭に塩、こしょうを振る。フライパンでオリーブオイルを熱し、鮭を皮目から入れてカリカリに焼く。ひっくり返して身のほうはさっと仕上げる。
2. タプナードを作る。材料をすべて混ぜ合わせ、塩、こしょうで味を調える。
3. 皿に1と2を盛り付け、ルッコラを添える。

Point!
タプナードは南仏地方でよく作られる、オリーブの実を使ったソース。ちょっと塩気が強いので、サーモンの塩は少なめにしておくと味のバランスが取れていいかも。

材料

- ホタテ貝柱（生食用） 2個
- 銀ダラ 2切れ
- ブラックタイガー、大正エビなど有頭エビ 2尾
- ハマグリ 4個
- にんにく 1½かけ
- 玉ねぎ ½個
- セロリ ½本
- オリーブオイル 大さじ2
- トマトペースト 15g
- サフラン 少々
- 白ワイン ½カップ
- ブイヨン 1½カップ
- パセリみじん切り 少々
- バゲット薄切り 適量
- グリュイエールチーズ 適量
- アイオリソース
  - 牛乳 大さじ1
  - サフラン 少々
  - マヨネーズ 大さじ3⅓
  - にんにくすりおろし 少々
  - ガーリックパウダー 少々

作り方

1. にんにく½かけはみじん切り、玉ねぎは薄切り、セロリは斜めの薄切りにする。
2. 鍋にオリーブオイルを入れ、1のにんにくを加える。少し色づいてきたら玉ねぎ、セロリを加え、しんなりするまでじっくり炒める。トマトペースト、サフランを入れてさらに炒め、ホタテ貝柱、銀ダラ、有頭エビ、ハマグリを加えて白ワインを注ぎ、5～10分ほど煮る。
3. ブイヨンを注ぎ、5～10分ほど煮る。ハマグリの口が開いたらパセリを振る。
4. アイオリソースを作る。牛乳にサフランを加えて混ぜ、ほかの材料も入れてよく合わせる。
5. にんにく1かけを2つに割り、断面をバゲットにこすりつけ、グリュイエールチーズを振ってオーブンでこんがりと焼く。
6. 3を器に盛り付け、4と5を添える。

簡単ブイヤベース
Bouillabaisse

Point!

玉ねぎとセロリをじっくりしっかり炒めるから、甘みが出ておいしさがアップ。魚介は火がすぐに通るので、先に野菜を炒めておいて合わせれば、煮込む時間もかからず、超お手軽。

Poissons [魚料理]

鯛のソテー
シャキシャキ野菜の
スープ仕立て

Daurade poêlée, soupe de légumes

材料

鯛　2切れ	かぶの茎　½個分
アサリ　200g	にんじん　⅛本
にんにく薄切り　½かけ分	絹豆腐 2cm角切り　¼丁分
赤唐辛子　½本	塩、こしょう　少々
ほうれん草　⅛束	オリーブオイル　適量
水菜　1束	日本酒　⅖カップ
かぶ　½個	水　1¼カップ

作り方

1. 鯛に塩、こしょうを振る。フライパンにオリーブオイルを少量入れて熱し、鯛を皮目からカリカリになるまで焼く。ひっくり返して身は軽く仕上げる。
2. 鍋にオリーブオイルとにんにくを入れ、火にかける。香りが立ったら赤唐辛子を加える。砂抜きしたアサリと日本酒を入れ、口を開かせる。少し煮詰めてアルコール分を飛ばした後、水を加え、弱火で軽く煮込む。
3. ほうれん草、水菜、かぶ、かぶの茎をさっとゆで、食べやすい大きさに切る。にんじんは柔らかくなるまでゆで、食べやすい大きさに切る。
4. 2に3と絹豆腐を加え、さっと温めて塩、こしょうで味を調える。
5. 器に1と4を盛り付け、好みでオリーブオイルをかけて仕上げる。

Point!

鯛のふっくらした食感と、野菜のシャキシャキした歯触りとの相性が抜群！　そのためにも、にんじん以外の野菜は、ごく短時間でさっとゆでるように肝に銘じて。

ホタテ貝のソテー
赤ピーマンとにんにくのソース

Coquilles St-Jacques poêlées sauce poivron rouge et ail

材料
ホタテ貝柱（生食用）　4個
ほうれん草　1/2束
にんにく　1/2かけ
塩、こしょう　適量
オリーブオイル　適量
赤ピーマンソース
　玉ねぎ薄切り　1/5個分
　赤ピーマン薄切り　中3個分
　オリーブオイル　小さじ2
　ブイヨン　3/4カップ
　塩、こしょう　少々
にんにくソース
　にんにく　5かけ
　牛乳　3/4カップ
　生クリーム　1/2カップ
　塩　少々
　カレー粉　少々

作り方
1. ホタテ貝柱に塩、こしょうを振る。熱したフライパンにオリーブオイルを入れてホタテ貝の両面を色よくソテーする。
2. 赤ピーマンソースを作る。鍋にオリーブオイルを入れて玉ねぎをよく炒め、赤ピーマンを加えてさらに炒める。ブイヨンを加えて柔らかくなるまで煮たら、すべてをミキサーに入れ、滑らかになるまでしっかり混ぜて塩、こしょうで味を調える。
3. にんにくソースを作る。にんにくは皮をむいて半分に切り、中の芽を取り出す。臭みを飛ばすため鍋に水（分量外）とにんにくを入れて強火でゆで、沸いたら汁をすべて捨ててにんにくを鍋に戻す。牛乳を加えて柔らかくなるまでゆでる。すべてミキサーに入れ、生クリームを加えて滑らかになるまでしっかりと混ぜて塩、カレー粉で味を調える。
4. ほうれん草をゆでて水気を切る。フライパンにオリーブオイルを入れ、つぶしたにんにくをゆっくりと炒める。香りが立ったらほうれん草を加えて炒め、塩、こしょうで味を調える。
5. 器に4を敷き、1を盛り付けて、2と3を添える。

Point!
ジューシーかつふっくらと焼き上がったホタテ貝にぐっとくる。両面をフライパンで香ばしく焼くとき、絶対に中まで火を通さないように。それが最大のコツです。

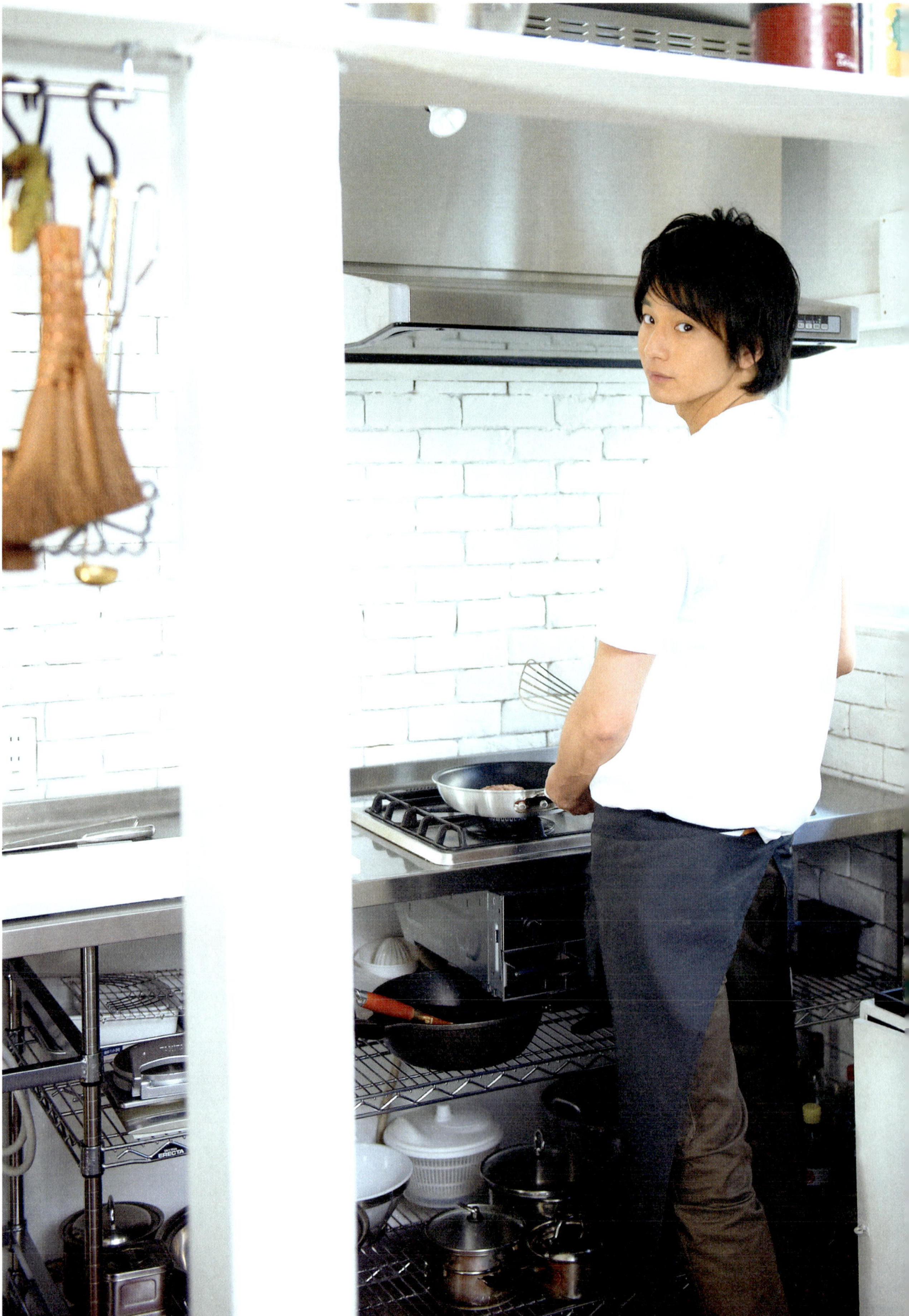

フライパンを
火にかけて、

油を入れて
よく温めます。

こんがり、
おいしそうな
焼き上がり。

さくっと
フランベも
（本格的）。

Viandes

[肉料理]

鶏肉のコンフィ
Confit de cuisse de poulet

材料

鶏もも肉（骨付）　2本
にんにく　2かけ
タイム　4枝
ローズマリー　2枝
ジュニエーブル（なければタイムなどでも可）　10粒
ローリエ　3枚
黒こしょう（ホール）　10粒
ラード　4½カップ
塩　適量
じゃがいも　1個
バター　20g
パセリみじん切り　少々
ピンクロッサ（なければサニーレタスでも可）　2枚
フレンチドレッシング　少々

作り方

1. にんにくを2つに割り、断面を鶏もも肉にこすりつけて塩を振る。タイム、ローズマリー、ジュニエーブル、ローリエ、黒こしょうをまぶしてラップをかけ、冷蔵庫で一晩寝かせる。
2. 直径18cmくらいの鍋にラードと1の鶏もも肉、ハーブ類を加え、80～100℃で3時間煮て取り出す。
3. フライパンに少量のラードとともに鶏もも肉を皮目から入れ、カリカリに焼く。
4. じゃがいもは皮をむいて2cm角に切り、3分ゆでて水気を切る。フライパンに入れ、バターで炒めて塩で味を調え、パセリを加える。
5. ピンクロッサにフレンチドレッシングを和えて皿に盛り、3と4も盛り付ける。

Point!

ドラマでは鴨を使ったけど、ここでは入手しやすい鶏肉に。とろ火でゆっくりと煮るのがポイント。肉が柔らかくなったら最後に皮目をパリッと焼いて、香ばしく。

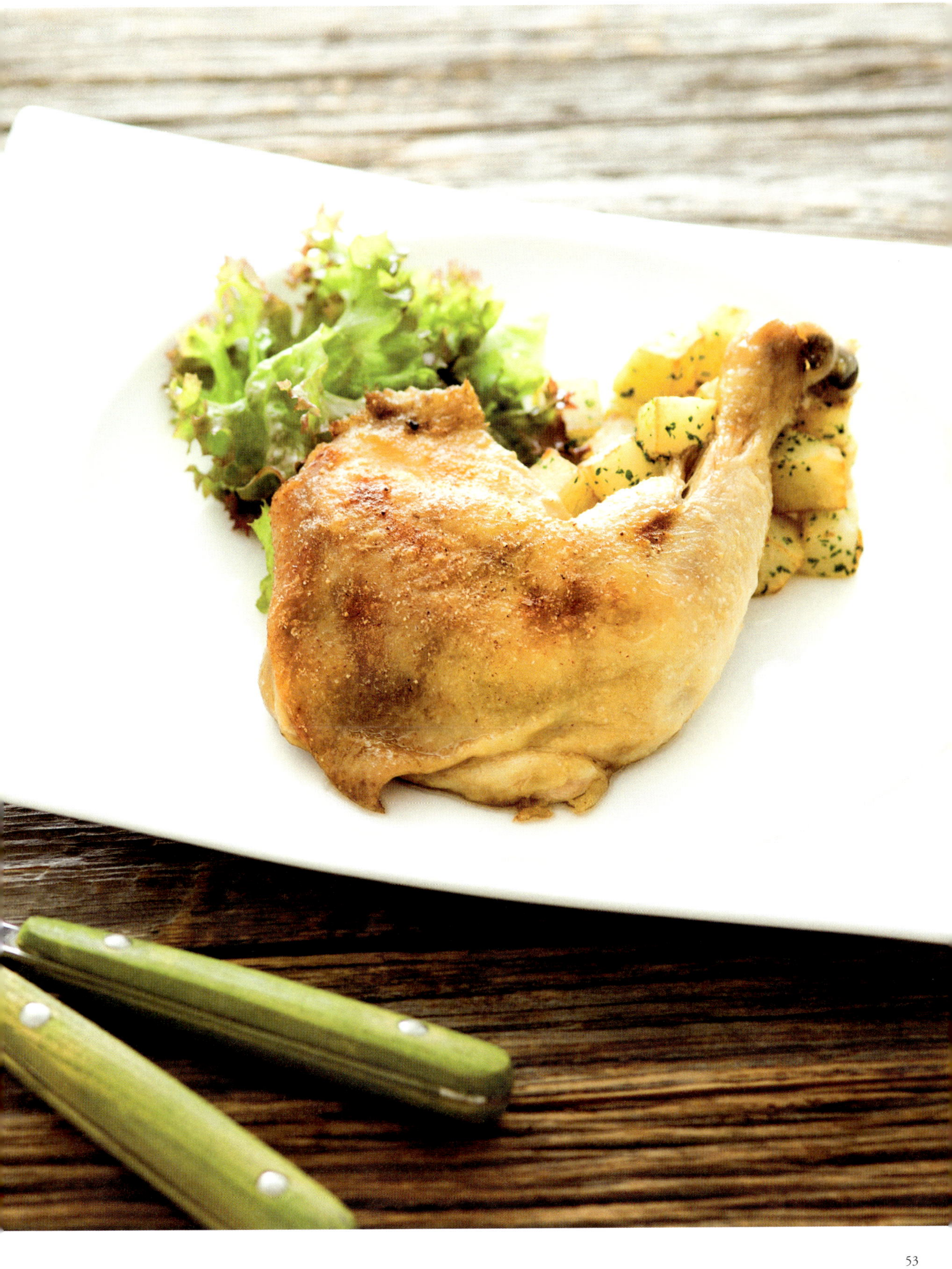

Viandes ［肉料理］

材料
鶏胸肉（骨付）　2本
にんにく　2かけ
トマトざく切り　1½個分
サラダ油　適量
塩、こしょう　少々
酢　¼カップ
ブイヨン顆粒　小さじ½
生クリーム　⅓カップ

作り方
1　にんにくは厚めの薄切りにし、鍋に少量のサラダ油を熱してゆっくりときつね色になるまで焼いて取り出す。

2　鶏胸肉は食べやすい大きさに切り、塩、こしょうを振って1の鍋に皮目から入れ、両面に焼き色が付いたら取り出す。

3　2の鍋に残ったサラダ油を捨て、1のにんにくを戻し入れる。酢とブイヨン顆粒を加えて沸騰させ、トマトを加えて2を戻し入れる。ふたをして弱火で15分煮込む。

4　3の鶏胸肉を取り出し、残った汁を漉す。にんにく、トマトの皮と種だけ残るようにしっかりと。

5　4で漉した汁を鍋に戻して火にかけ、生クリームを加え、塩、こしょうで味を調える。3の鶏胸肉を入れて温め、皿に盛り付ける。

Point!
鶏胸肉を煮た汁をざるで漉す際にスプーンやゴムべらを使い、にんにく、トマトまで丁寧に押し込む。とろみを出すためにも手間を省かずに。酸っぱくないまろやかな味。

鶏のヴィネガー風味
Poulet au vinaigre

牛肉のグリル
じゃがいものピュレ添え
Bœuf grillé à la purée de pomme de terre
（レシピは P56）

豚バラ肉の煮込み
キャベツ添え
Poitrine de porc braisée aux choux
（レシピは P56）

Viandes [肉料理]

牛肉のグリル じゃがいものピュレ添え

材料
牛もも肉（ステーキ用） 300g
塩、黒こしょう 少々
オリーブオイル 適量
クレソン 2本
レモンくし形切り 2切れ

じゃがいものピュレ
⎰ メークイン 1個
⎱ 牛乳 ⅔カップ
⎰ 塩、こしょう 少々
⎱ バター 15g

作り方
1. 牛もも肉は焼く30分くらい前に冷蔵庫から取り出して常温に戻しておき、焼く直前に塩、黒こしょうを振る。
2. フライパン（あれば溝のあるグリル板）を熱し、1を好みの焼き加減に焼く。
3. じゃがいものピュレを作る。メークインを柔らかくゆでて皮をむき、ざるで漉す。鍋に戻して牛乳を加え、よく練りながら弱火にかける。程よい固さになったところで塩、こしょうで味を調え、バターを加える。
4. 2と3を皿に盛り付け、オリーブオイル、クレソン、レモンを添える。

Point!
じゃがいものピュレは少し柔らかめに仕上げ、牛肉にからめながら食べると絶品！ただし、牛肉は焼きすぎると固くなるからくれぐれも気をつけて。

豚バラ肉の煮込み キャベツ添え

材料
豚バラ肉ブロック 250g
にんにく 1かけ
玉ねぎ薄切り ¼個分
トマトざく切り ½個分
キャベツ 4枚
塩、こしょう 適量
サラダ油 少々
オリーブオイル 大さじ1
ブイヨン 2½カップ
ローリエ 少々
生クリーム 大さじ2

作り方
1. 豚バラ肉は3cm角に切って塩、こしょうを振り、フライパンでサラダ油を熱して焼き色を付ける。
2. 鍋にオリーブオイルを入れ、つぶしたにんにくがきつね色になるまで炒めたら、玉ねぎを加えてよく合わせる。
3. 2にトマト、ブイヨン、ローリエ、1を入れ、ふたをしてことことと中火で3時間煮込む。
4. 鍋のふたを開け、煮汁が1½カップになるまで煮詰める。3cm角にざく切りしたキャベツと生クリームを加え、キャベツが柔らかくなるまで10分ほど煮込む。
5. 塩、こしょうで味を調え、器に盛り付ける。

Point!
豚バラ肉を3時間煮込んだ後、よーく煮汁を煮詰めるのが大切。キャベツをたくさん入れると甘さととろみが出て、豚バラ肉だけじゃ出せない柔らかな味になったかな。

若鶏のグランメール風
Poulet sauté grand-mère

Le Petit Chou のメニュー

材料
若鶏もも肉（骨付） 3本
ベーコン 80g
マッシュルーム 4個
エリンギ 小2本
しいたけ 4枚
舞茸 ½パック
にんにくみじん切り 小1かけ分
エシャロットみじん切り 1個分
サラダ油 少々
バター 20g
塩、こしょう 少々
ブイヨン 1カップ
イタリアンパセリみじん切り 少々

作り方
1. 若鶏もも肉は2等分に切り分け、底の厚い鍋にサラダ油を入れ、7～8割まで火が通るように焼いて取り出す。
2. ベーコン、マッシュルーム、エリンギ、しいたけ、舞茸を食べやすい大きさに切り、1の鍋に入れてバターで炒める。塩、こしょう、にんにく、エシャロットを入れて香りを出す。
3. 1の若鶏を戻し入れ、ブイヨンを加えて5分ほど煮込む。
4. 皿に盛り付け、イタリアンパセリを散らす。

Point!
フランスの家庭料理の定番。一見手間がかかりそうに思うけれど、厚手の鍋1つあれば全部のプロセスを済ませることができて、意外と楽。レパートリーに加えたい。

シューファルシ
Chou farci

Le Petit Chou のメニュー

材料
- 牛ひき肉　60g
- 豚ひき肉　40g
- キャベツ　4枚
- ベーコンみじん切り　10g分
- 玉ねぎみじん切り　1/8個分
- 塩、こしょう　適量
- パン粉　10g
- 溶き卵　1/4個分
- ナツメグ　少々
- サラダ油　少々
- ブイヨン　1カップ
- 水溶き片栗粉　大さじ1
- 芽キャベツ　4個
- プチトマト　4個
- 黒オリーブ輪切り　8個分
- ピザ用チーズ　20g

作り方
1. キャベツは柔らかくゆでて水に取り、冷まして水気を拭く。塩、こしょう少々を振る。
2. ボウルに牛ひき肉、豚ひき肉、ベーコン、玉ねぎ、パン粉、卵、ナツメグ、塩小さじ1/5、こしょう少々を入れてよく混ぜる。2等分にして長方形にまとめる。
3. フライパンにサラダ油を熱し、2の両面に焼き色を付け、2枚重ねた1のキャベツで包んで戻す。ブイヨン、水溶き片栗粉、塩、こしょう少々を加え、混ぜながら沸かす。
4. 芽キャベツ、プチトマト、黒オリーブを入れ、ふたをして10分弱火にかける。
5. ふたを取り、ピザ用チーズをのせ、溶けるまで2～3分温める。点火用バーナーでチーズに焼き色を付け、芽キャベツ、プチトマト、黒オリーブとともに器に盛る。

Point!
先に中身のひき肉を焼いておくことで型くずれしないし、キャベツもよれよれにならず短時間で仕上がる。香ばしい風味も付いて申し分なし！　ペロリと完食。

Viandes ［肉料理］

鶏の赤ワイン煮込み
Coq au vin rouge

材料
- 鶏もも肉（骨付）　2本
- にんにく薄切り　1かけ分
- 玉ねぎ薄切り　¼個分
- トマトざく切り　中1個分
- 塩、こしょう　適量
- 黒こしょう　少々
- 小麦粉　少々
- サラダ油　適量
- 赤ワイン　1¾カップ
- ローリエ　1枚
- ブイヨン　1カップ
- 平打ち麺など　100g
- バター　15g
- パセリみじん切り　少々

作り方
1. 鶏もも肉を関節で半分に切り、塩、こしょうを振って小麦粉をまぶす。
2. フライパンにサラダ油少々を入れ、1を色よく焼く。
3. 鍋にサラダ油少々を入れ、にんにくと玉ねぎを炒める。赤ワインを入れて強火でアルコールを飛ばし、少し煮詰める。
4. 2とトマト、ローリエ、ブイヨンを入れ、一度沸騰させてアクを取る。ふたをして2時間半くらい弱火で煮込む。
5. ふたを開けて鶏もも肉を取り出し、ラップをかけるなどして保温しておく。煮汁はさらにとろみが出るまでじっくり煮詰め、味を凝縮させてざるで漉す。塩、こしょうで味を調える。
6. 平打ち麺をゆで、水気を切ってバターをからめ、塩、黒こしょう、パセリを加える。
7. 5で保温しておいた鶏もも肉を盛り付け、煮詰めたソースをかけ、6を添える。

Point!
ブルゴーニュ地方を代表する料理。煮込む前に赤ワインのアルコールをしっかりと飛ばして。圧力鍋なら6分の1の時間でできるけど、コトコト煮込む時間も楽しい。

材料
- 豚ロース肉（3cm厚）　1枚
- にんにく皮付き　3かけ
- 塩、黒こしょう　適量
- サラダ油　適量
- フォン・ド・ヴォー　¼カップ
- インゲン　10本
- 舞茸　⅓パック
- エリンギ　1本
- メークイン　1個
- バター　40g
- 粒マスタード　適量
- 揚げ油　適量

作り方
1. 豚ロース肉に塩、黒こしょうを振る。フライパンにサラダ油を入れ、半分に割ったにんにくと一緒に豚ロース肉の表面を焼く。ひっくり返して同様に表面を焼き、バットに取り出す。5分休ませた後、同様に表面を焼く。これを全部で4回繰り返し、肉の中まで火を通す。
2. 肉を取り出し、同じフライパンにフォン・ド・ヴォーを加え、煮詰めて塩、黒こしょうで味を調えてソースを作る。
3. インゲンは塩ゆでし、バター20gを入れたフライパンで炒めて取り出す。舞茸、エリンギは食べやすい大きさに切り、新たにバター20gを入れた同じフライパンで炒める。
4. メークインは皮付きのまま10分ゆで、くし形に切り、油で揚げる。
5. 1の豚ロース肉を食べやすい大きさに切り、皿に盛り付けて、2をかける。3、4、粒マスタードを添える。

Point!
表面だけを焼いて休ませるというプロセスを4回繰り返すことで、厚い肉でも中までじわじわ火が通り、オーブンで焼いたようなジューシーさに。正直、これには脱帽！

豚肉のロティ キノコ添え

Rôti de porc aux champignons

Le Petit Chou のメニュー

料理と自分。

　ドラマの収録前、役づくりのために料理学校に2度ほど練習に行きました。そこで学んだのは、包丁の使い方、キッチンでの立ち位置、肉の焼き方など、フレンチのシェフとして基本的な所作。フレンチははじめてだから、これまで個人的にやってきたことと全然違っていて、すべてが発見という感じです。特に勉強になったのは、キッチンでの立ち居振る舞い。フレンチのシェフって、数種類の料理を同時に作らなければいけないこともよくありますが、慣れていると段取りがよくて、ムダのない動きになるんですね。最近は忙しくて家で料理を作ることも減っていたのですが、このドラマの撮影が始まってからはなるべく毎日食材に触るようにしています。今日も朝少し早く起きて、ポトフと朝食を作りました。忘れていた料理の記憶を、最近何となく思い出してきた気がします。技術的な部分で練習しなければいけないことが目白押しだけど、好きなことだから楽しんでやってますね。

　不得意な料理は作らないので、全部得意っちゃ得意です。サラダのドレッシングもいつも自分で作りますよ。じゃがいもをオリーブオイルで焼いて、ローズマリーと塩こしょうを振った酒のつまみも一時期よく作ったな。これまでで一番手の込んだ料理は、実はおでん。大根もちゃんと面取りして、火を止めたり点けたりを繰り返しながら70℃くらいを保ち続ける。それで24時間煮込むと、味がすごく染み込むんですよ。でも料理にとって一番大事なのは、やっぱり食材だと思う。スーパーではキャベツとかの葉っぱの枚数を見たりします。詰まっているほうがおいしいから。あと朝摘みのものをなるべく買う。野菜って光合成するから、太陽が昇る前に摘まないと水分が減っていくんです。一応理系なんで、そこらへんは自然と気になります。油と水を混ぜると乳化したり、熱を加えるとタンパク質が変性したりすることは、学校で習う前にむしろ料理に教えてもらった感じかな。

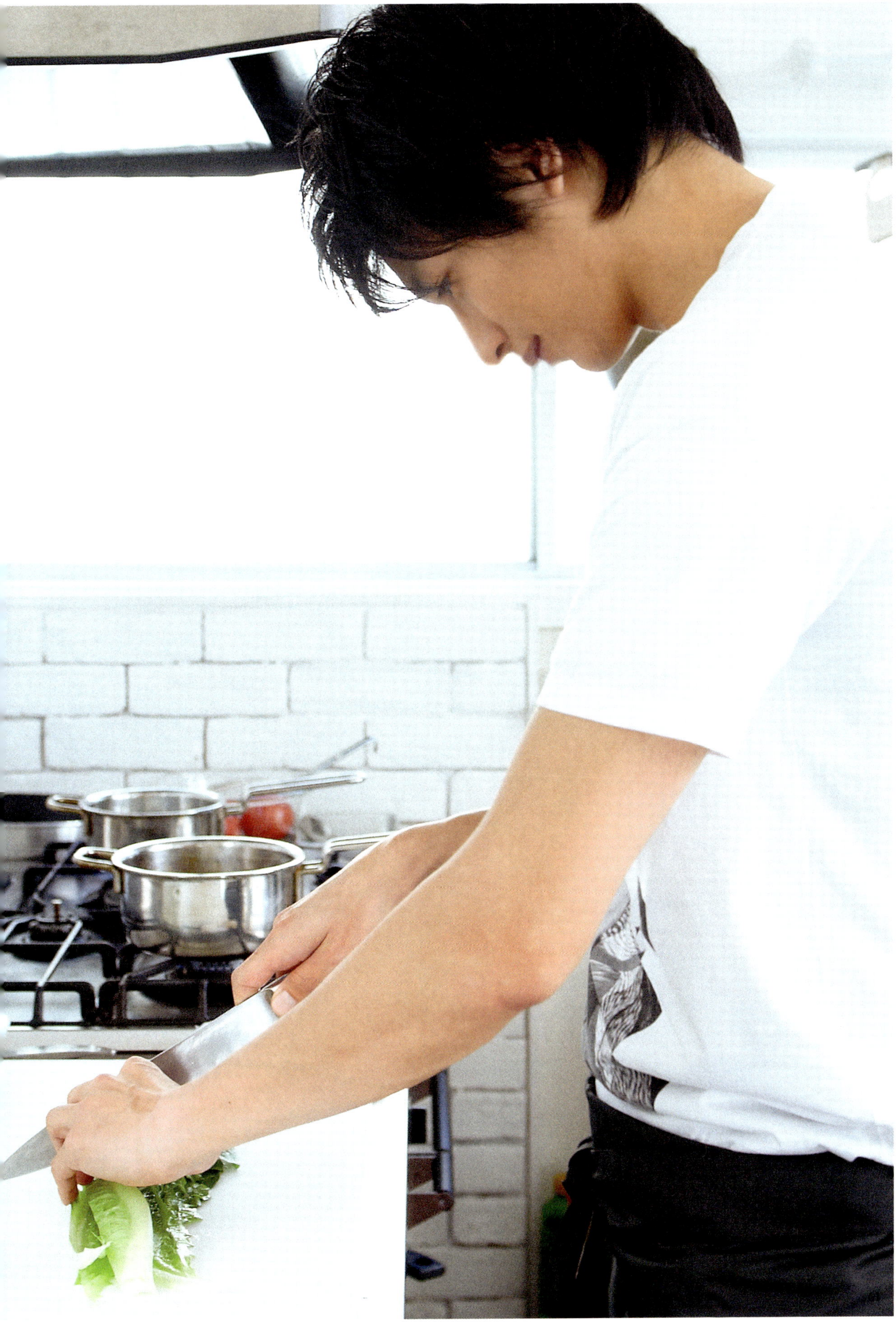

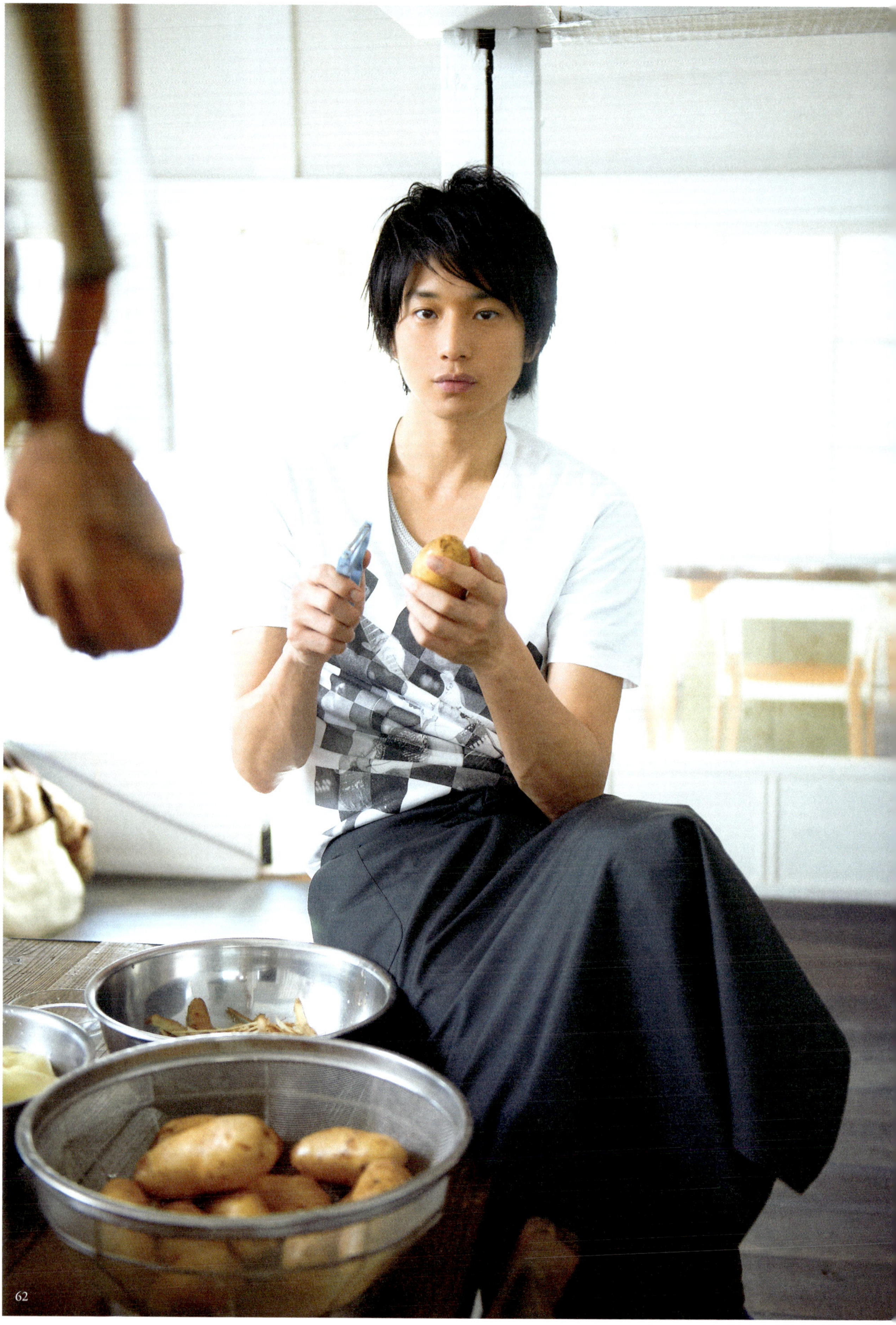

飲食店で働いた経験があるから、レストランに関してほかの人とはちょっと違う角度で見ちゃう癖があるんです。たとえば、コースは基本的に頼まない。いつもアラカルトです。コース料理ってお客様にはわかりやすい反面、店にとっては材料を無駄なく使える設計だから、原価が安く抑えられているとか。他にも、野菜の価格は季節によって上下するから、店にとってはリスクが高い。その分、サラダが出るランチは原価も高いというのが一般的だと言われています。まぁ、別に原価率の高いものを食べる必要はなくて、好きなものを選べばいいんですけどね（笑）。あと、お店の人におすすめのものやおいしい料理を聞くことも、いいサービスを受けるためには大切じゃないかな。僕も季節の魚とか分からないんで、寿司屋に行ったら旬なものは何ですか、って普通に聞きます。店の人もマニュアル通りってつまらない。本当に料理や接客が好きな店員なら、積極的にコミュニケーションをとる方が俄然やる気になると思います。

　僕の演じる英介は、口が悪くて頑固で、でも一人じゃ何にもできずに周りに支えられているという、基本的に面倒くさい人（笑）。でも空気を読まず、自分の思ったことを言えるところには、逆に憧れる部分も。そんな欠点だらけの彼が、人として成長していく話でもあります。それから、何かを諦めて仕事をしている人って、圧倒的に多いと思うんです。僕だって獣医の道に進もうと考えたり、料理人になろうと思ったりしながら今の仕事に行き着いたけれど、途中でもしかしたら何かを諦めてきたかもしれない。それが英介の場合、たまたまバンドだったわけですが、今の彼は自分が携わっている仕事に対してきちんと向き合っている。必ずしも夢を実現することだけが成功じゃなくて、自分なりに納得して仕事をし、そのことにプライドを持つことが幸せなんだな、と気づかされます。男臭い話ではありますが、でも女性にも共感してもらえる部分が必ずあると思います。

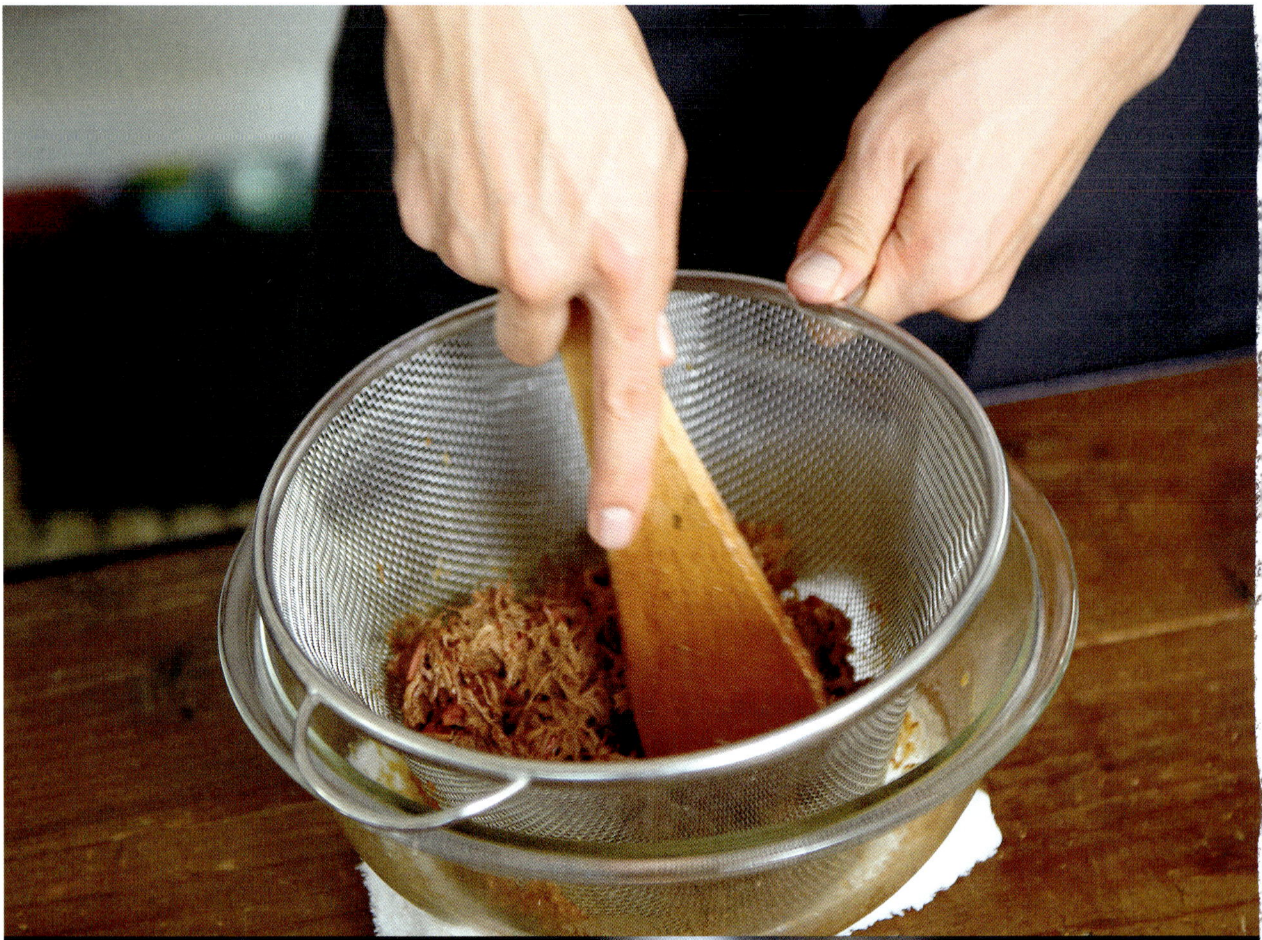

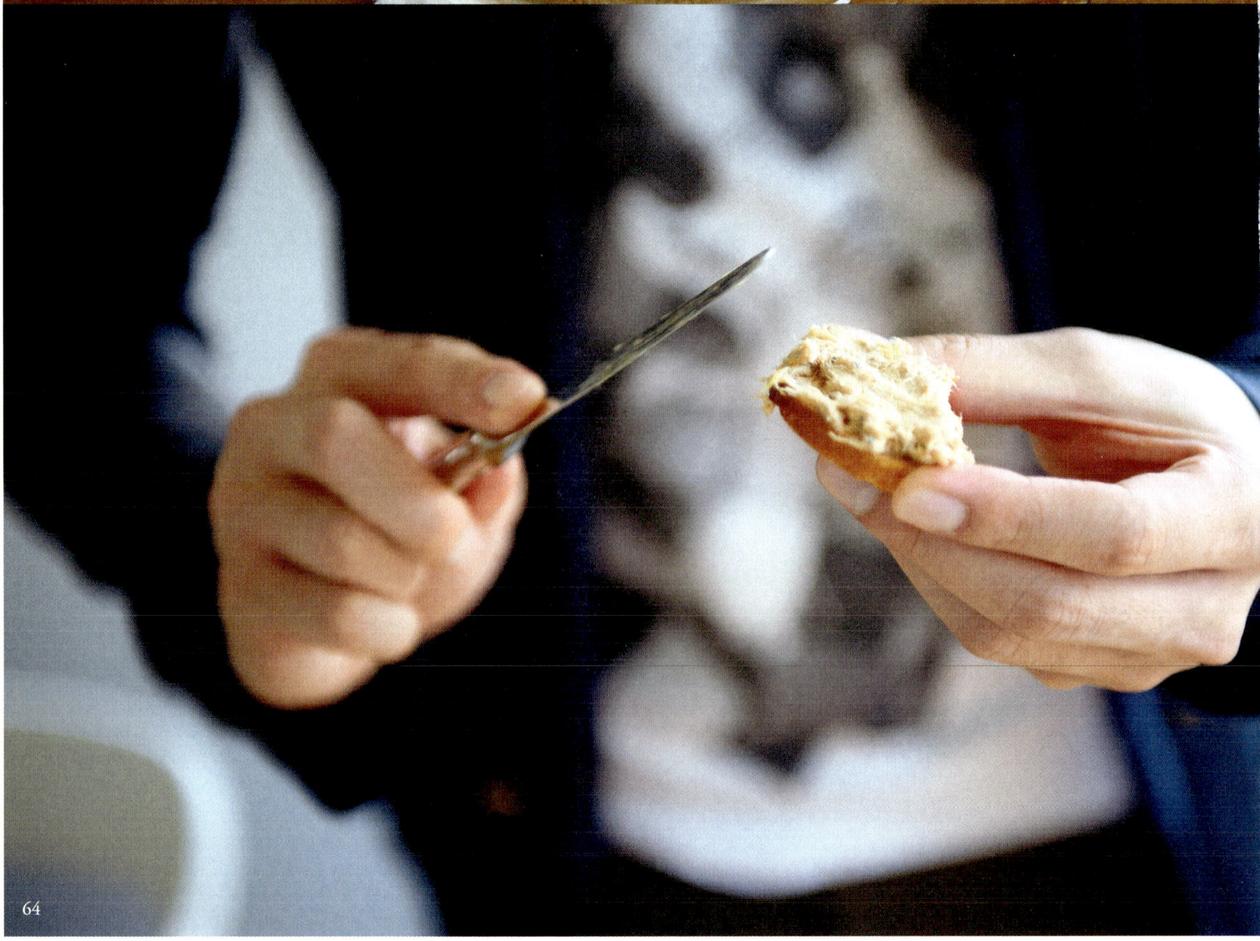

65

Column 02

料理がワンランクアップする、盛り付けと演出のコツがあります。

自宅で作るフランス料理でも、せっかくだからレストランのように美しく盛り付けたい！
少し手を加えるだけで本格的な一皿に早変わりする、とっておき＆簡単なコツを伝授します。

A 立体的に重ねてゴージャスに。

付け合わせはついついメインの横におざなりに盛り付けがちだけど、野菜や豆などの上にあえて肉や魚をのせると、高さが出て立体的に。超簡単な工夫で、ぐっと華やかにグレードアップ。

熱々のソースをその場でかける。

皿をテーブルに運び、食べる直前に目の前でソースをかける。楽しくておいしいから、喜ばれること間違いなし！

鶏肉のソテー 3色の豆の付け合わせ

材料
鶏もも肉（骨付） 2本
塩、黒こしょう 少々
サラダ油 少々
冷凍3色豆 200g
ブイヨン 1カップ

作り方
1. フライパンにサラダ油を入れ、塩、黒こしょうを振った鶏もも肉の両面を香りよくこんがりと焼く。
2. 冷凍3色豆はブイヨンで5分ほど軽く煮る。3色豆を取り出したブイヨンを、焦げる直前まで煮詰めてソースを作る。
3. 2の3色豆を皿に盛り付け、1の鶏もも肉を上にのせる。
4. 2で煮詰めたブイヨンのソースを3に多めにかける。

B ガラスの器を使えば、いっそうカラフル。

色がきれいな前菜なら、ガラスの器に盛り付けてカラフルさを前面に。カクテルグラスなど身近なものを使っても。器の形で料理の雰囲気まで変わるから不思議。

マグロとアボカドのタルタル（P74）

C 小さな器をいくつも並べると華やかさアップ。

ショットグラスやスプーン、レンゲなど小さな器に少量ずつ盛り付け、テーブルの上にばっと広げるとパーティを盛り上げる一品に。

鶏肉のエスカベッシュ（P19）
野菜のグレック（P27）

D　竹串を刺して手軽なおつまみに。

飾りの付いたスティックや竹串を一口サイズの素材に刺してテーブルに。スペイン料理のピンチョスみたいで食べやすくて楽しい。

野菜のグレック（P27）

鯛の蒸し物
アサリとかぶのスープ仕立て（P45）

E　あえて深めの皿に盛り、特別感を演出。

スープやソースが多めの料理の場合は、少し深めの皿に盛り付けると新鮮な表情に。肉や魚などメイン料理のほか、ハッシュドビーフのようなごはんものに試してみても。

F　上手なハーブ使いが料理を制す！

料理に使ったものを添えるのがハーブの基本。小さくのせたり、大きく置いたり、刻んで散らしたり。料理の印象がぐっと強まるはず。

小さく繊細に。
にんじんのムース（P29）

大きく大胆に。
トマトで包んだ魚介のファルシ
トマトのジュレを添えて（P25）

刻んで散らして。
トマトと白インゲン豆のスープ（P41）

牛肉のグリル（P55）

G 皿を芸術的なソースで彩る。

シンプルな皿を彩るのが、濃いめのソースやじゃがいもなどのピュレ。アーティスト気分で自由に描き、個性とセンスをアピール！

幾何学模様で驚きを。

写真は、肉の形に合わせ、影のようにソースを長方形に添えてみたもの。スプーンを利用して、自分の好きな図形を慎重に描こう。

水玉で軽やかに。

かわいらしい水玉模様も、ディスペンサーを使えば意外と簡単。ほかに細かい点々や波線なども、同じように上手に描けるからうれしい。

直線でスッキリと。

レストランで今一番旬なのは、すっきりとした直線。スプーンでもいいけれど、ディスペンサーを使ったほうが手元も狂わず手軽にできる。

Riz

[ごはんもの]

ハッシュドビーフ
Bœuf haché au riz

材料
牛肉薄切り　120g
玉ねぎ　½個
バター　10g
ケチャップ　大さじ1¾
小麦粉　10g
ブイヨン　¾カップ
ウスターソース　小さじ¾
塩、こしょう　適量
サラダ油　小さじ2
ライス　適量
サワークリーム　適量

作り方
1. 玉ねぎは薄切りにして、鍋にバターを入れてあめ色になるまで弱火でじっくり炒め、いったん火を止める。ケチャップ、小麦粉を入れてよく混ぜて再び火にかけ、2～3分炒めてブイヨンとウスターソースを加えて沸かす。
2. 牛肉は1cm幅に切って塩、こしょうを振り、フライパンにサラダ油を入れてさっと炒め、1の鍋に加える。
3. よく混ぜ合わせ、塩、こしょうで調味する。
4. 器にライスを盛り、3をかける。サワークリームを添える。

Point!
フレンチをたっぷり食べた後でもするっと食べられる量の一品。玉ねぎはできるだけ同じ幅の薄切りにすると、炒めるとき均等に色が付いて料理しやすいです。

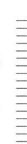

ライスグラタン

Gratin au riz

Point!
ライスの上にかけるベシャメルソースが味の決め手。自分で作ると本当においしい。フライパンだと焦げてしまうこともあるけど、電子レンジなら色も付かず簡単です。

材料
- ブラックタイガー　2尾
- ホタテ貝柱　2個
- 玉ねぎみじん切り　1/4個分
- マッシュルーム薄切り　1/3パック分
- バター　20g
- 白ワイン　1/4カップ
- 生クリーム　1/4カップ
- ミックスチーズ　適量
- パセリ　少々

バターライス
- 玉ねぎみじん切り　1/10個分
- 米　1カップ
- バター　10g
- ブイヨン（常温）　1カップ
- 塩、こしょう　少々

ベシャメルソース
- バター　20g
- 小麦粉　20g
- 牛乳　2カップ
- 塩、こしょう　少々
- ローリエ　1枚

作り方
1. バターライスを作る。フライパンにバターを入れ、玉ねぎを炒める。米を加えてバターとからめ、ブイヨン、塩、こしょうを加えてよく混ぜ、すべて炊飯ジャーに入れて炊く。
2. ベシャメルソースを作る（P81参照）。
3. ブラックタイガーは頭と殻を外し、背わたを取る。別の鍋にバターを入れて玉ねぎを炒め、マッシュルーム、ブラックタイガー、ホタテ貝柱を加えてさらに炒める。白ワインを加えて強火でアルコールを飛ばし、水分がなくなるまで煮詰めたら、2の鍋に入れて生クリームを加える。
4. 器に1を敷き、3をのせ、ミックスチーズをかける。200℃のオーブンに約10分入れて焼き色を付け、パセリを散らす。

Petits mets
［おつまみ］

白身魚のベーニェ
Beignets

Point!
軽〜いフレンチ風揚げ物。魚はスズキ、鯛、イサキなど何でもOK。魚を衣にくぐらせる直前にメレンゲを作って合わせれば、ふんわり揚がってめちゃくちゃおいしい。

じゃがいもとローズマリーの薄焼きタルト
Tarte aux pommes de terre et romarin

材料
生地
- 薄力粉　100g
- 強力粉　100g
- ベーキングパウダー　小さじ2
- 塩　小さじ⅓
- 牛乳　¾カップ

玉ねぎ薄切り　½個分
じゃがいも薄切り　大1個分
オリーブオイル　少々
塩、黒こしょう　少々
ミックスチーズ　少々
ローズマリー　少々

作り方
1. 生地を作る。ボウルに薄力粉、強力粉、ベーキングパウダー、塩を入れて混ぜ、牛乳を少しずつ加えながらよく合わせる。まとまったらボウルから取り出し、表面が滑らかになるまで手でこねる。ボウルに戻し入れ、ラップをして20分休ませる。
2. フライパンにオリーブオイルを入れ、玉ねぎをさっと炒め、じゃがいもを加えてさらに炒める。火が通ったら塩、黒こしょうを振り、バットにあけて粗熱を取る。
3. 1の生地を好みの大きさに分け、麺棒でそれぞれ薄くのばし、フォークで数カ所に穴を開けておく。
4. 3をオーブンの天板にのせて上に2を平らに並べ、さらにミックスチーズをかけて200℃で10分くらい焼く。途中でローズマリーをのせる。焼き上がったら皿に盛り付ける。

Point!
手でこねて寝かせるだけ、と生地作りは意外と簡単。なるべく薄く仕上げれば、生地は軽くてパリパリ、具はとろーり、と食感の違いも楽しめる。酒が進みます！

材料
- 白身魚　2切れ
- 塩、こしょう　少々
- 揚げ油　適量

衣
- 小麦粉　80g
- サラダ油　大さじ1
- 卵黄　2個分
- ビール　½カップ
- 塩　少々
- 卵白　2個分

作り方
1. 白身魚は1cm幅くらいの棒状に切り分け、塩、こしょうを振る。
2. 衣を作る。小麦粉、サラダ油、卵黄、ビールをボウルに入れ、泡立て器でよく混ぜ合わせる。
3. 別のボウルに塩、卵白を入れ、泡立て器でよく混ぜ合わせ、メレンゲを作る。
4. 2と3を合わせ、泡がつぶれないようにさっくりと混ぜる。
5. 1の白身魚を4の衣にくぐらせ、170℃の油で色づくまでゆっくりと揚げる。
6. 5を皿に盛り付けて塩を振る。

Petits mets [おつまみ]

マグロとアボカドのタルタル
Tartare de thon

材料
マグロ　150g
アボカド　½個（100g）
玉ねぎ　大1/10個
アサツキ　少々
塩、こしょう　少々
オリーブオイル　大さじ1
レモン汁　大さじ1
マヨネーズ　大さじ2½
しょうゆ　小さじ1

作り方
1. マグロ、アボカドは1.5〜2cm角を目安に、盛り付ける皿に合わせたサイズに切る。玉ねぎはみじん切り、アサツキは斜めの小口切りにする。
2. ボウルに残りすべての材料、1を加えて混ぜ合わせ、器に盛り付ける。

Point!
マグロとアボカドを大きめに切ると、食べごたえたっぷり。定番の組み合わせだけど、ほんの少ししょうゆを加えることで、風味が変わって新鮮な印象になるから不思議。

チーズのガレット
Galette de fromage

材料
じゃがいも　1個
ピザ用チーズ　80g
塩、こしょう、黒こしょう　少々
サラダ油　大さじ3

作り方
1. じゃがいもは千切りにして、水で洗う。
2. フライパンにサラダ油と1を入れ、じゃがいもがしんなりするまで炒める。
3. 塩、こしょう、ピザ用チーズを加え、両面を色よくカリッと焼き上げる。
4. 3を皿に盛り付け、黒こしょうを振る。

Point!
フライパンにチーズを入れるとき、偏りができないよう半量ずつバランスをみて。油を周りから少し足し、フライパンを揺すりながらゆっくり焼くとカリッと仕上がる。

鶏のエピス焼き
Poulet sauté aux épices aux pommes frites

材料
鶏もも肉　2枚
エピス　大さじ2
（以下の材料を混ぜたもののうち）
　ガーリックパウダー　小さじ2
　パプリカパウダー　小さじ3
　カイエンヌペッパー　小さじ½
　ドライオレガノ　小さじ1
　クミンパウダー　小さじ1
　塩　小さじ1
　黒こしょう　小さじ2
　＊一部ないものがあっても可
白ワイン　大さじ2
オリーブオイル　大さじ2
サラダ油　少々
メークイン　2個
塩　少々
揚げ油　適量
レモンくし形切り　1個

作り方
1. エピスを作る。材料をすべてよく混ぜ合わせる。
2. 1の大さじ2と白ワイン、オリーブオイルをよく混ぜ、鶏もも肉にからめて冷蔵庫で1日寝かせる。
3. フライパンにサラダ油を入れ、2を皮目からよく焼く。
4. メークインは食べやすい大きさに切って油で揚げ、塩をまぶす。
5. 3と4を皿に盛り付け、レモンを添える。

チーズフォンデュ
Fondue au fromage

材料
カマンベールチーズ　1個（約200g）
バゲット　適量
パセリみじん切り　少々

作り方
1. カマンベールチーズを耐熱容器に入れ、電子レンジで約2分温める。
2. バゲットを2cm角程度に切り分ける。
3. 1を皿に盛り付けてパセリを振り、2を添える。

Point!
ここで使うカマンベールは、あまり上等なものじゃないほうがいい。むしろ、ちょっと固いかなと思うくらいの手頃なもののほうが、バゲットとの相性もぴったりくる。

Point!
エピスとはスパイスのこと。いろいろなスパイスをブレンドすることでバランスがとれ、食べやすい味に。ほかに豚肉、魚、じゃがいもなどにまぶしてみてもいいかも。

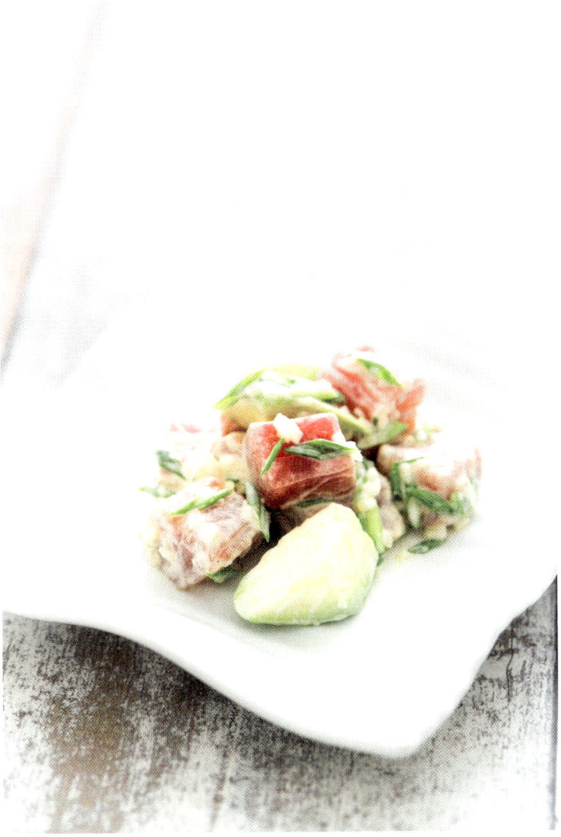

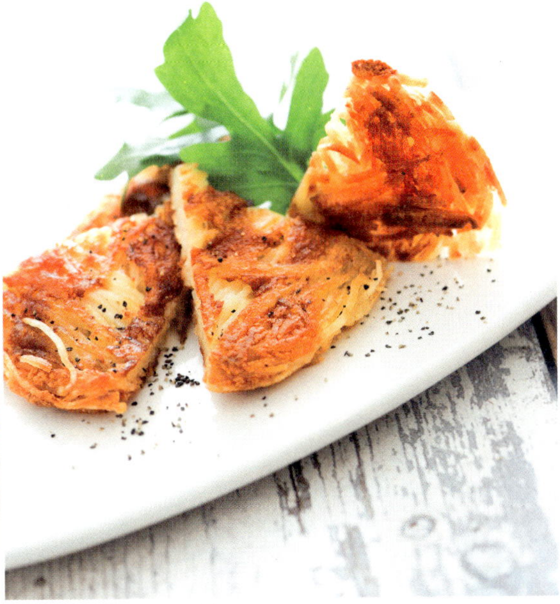

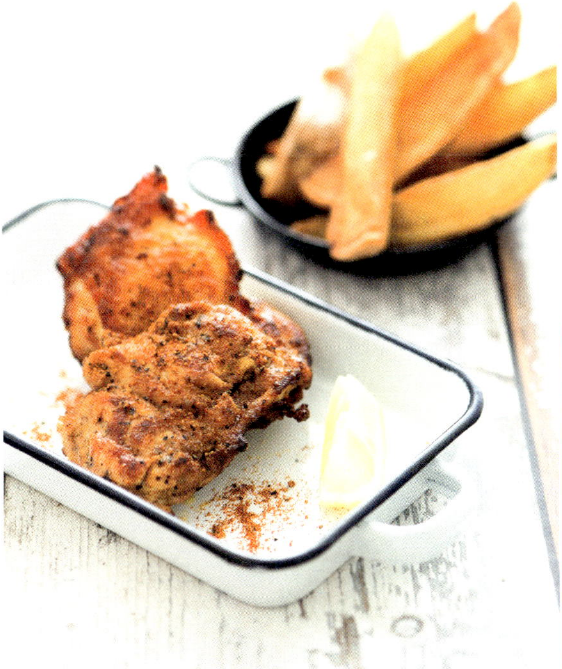

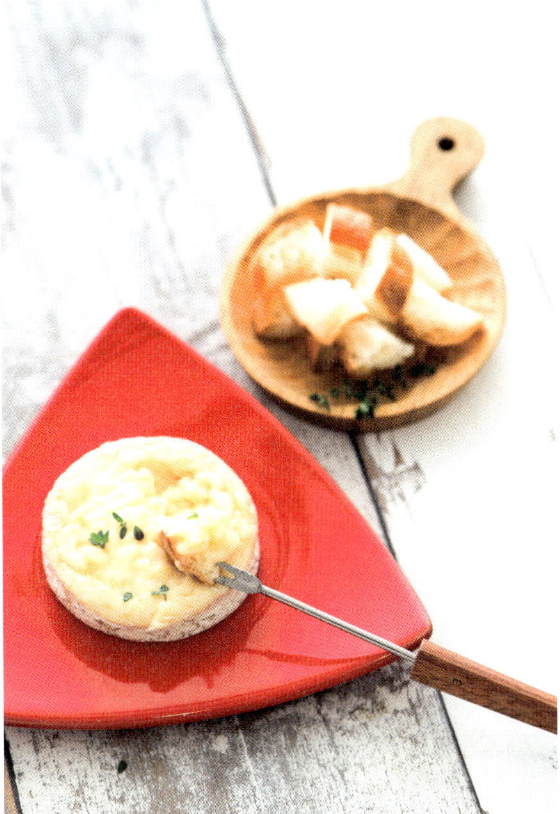

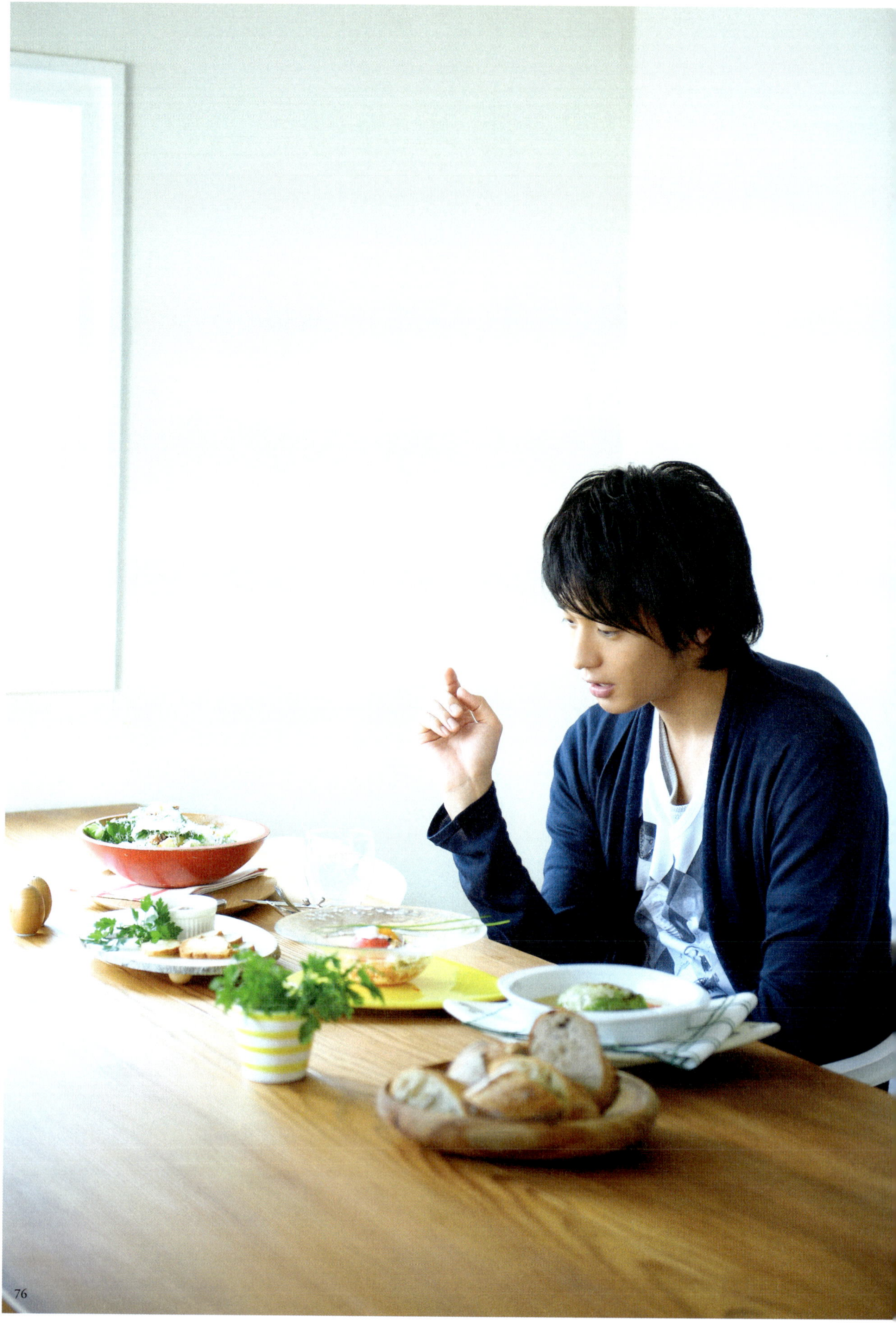

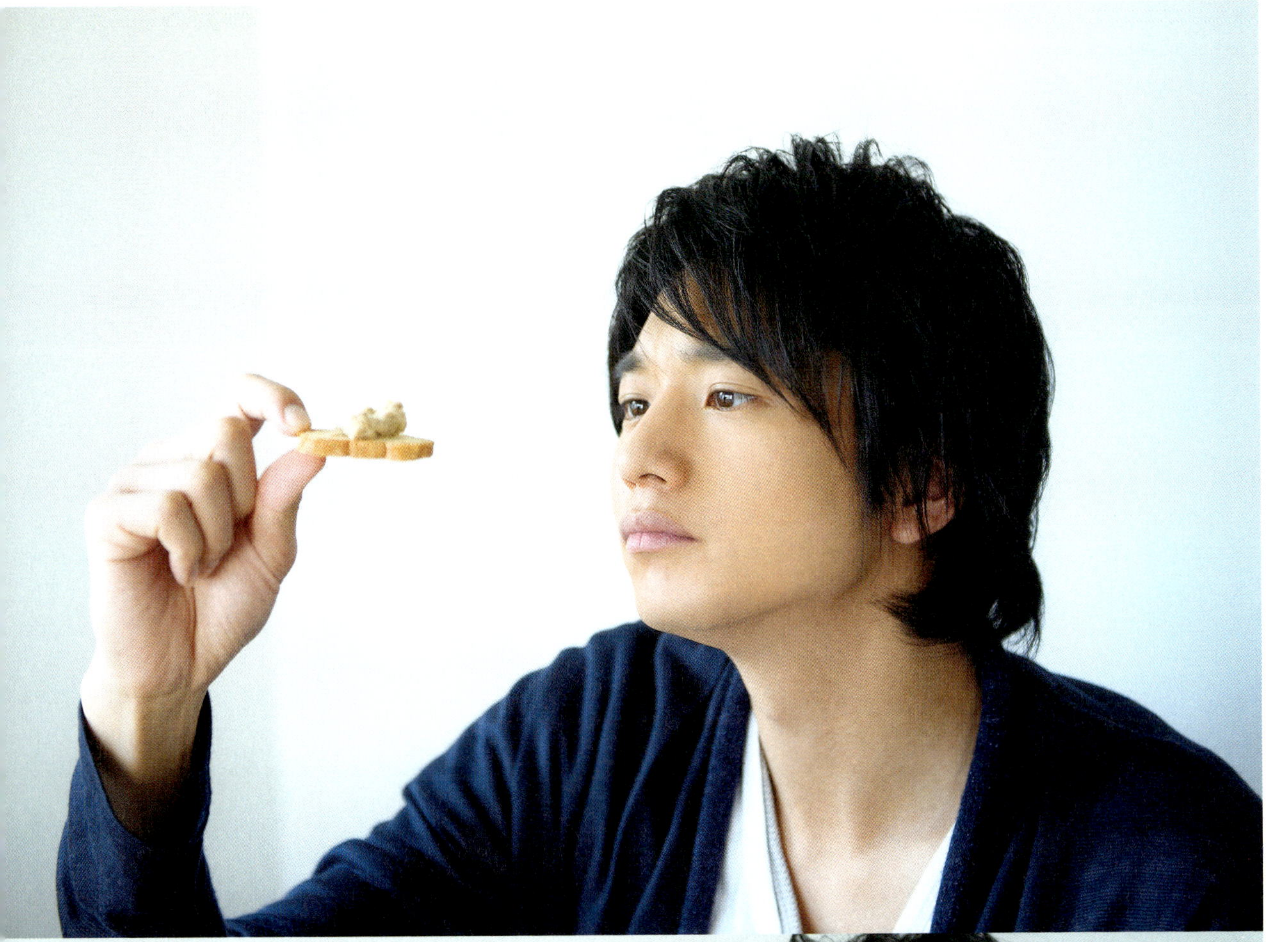

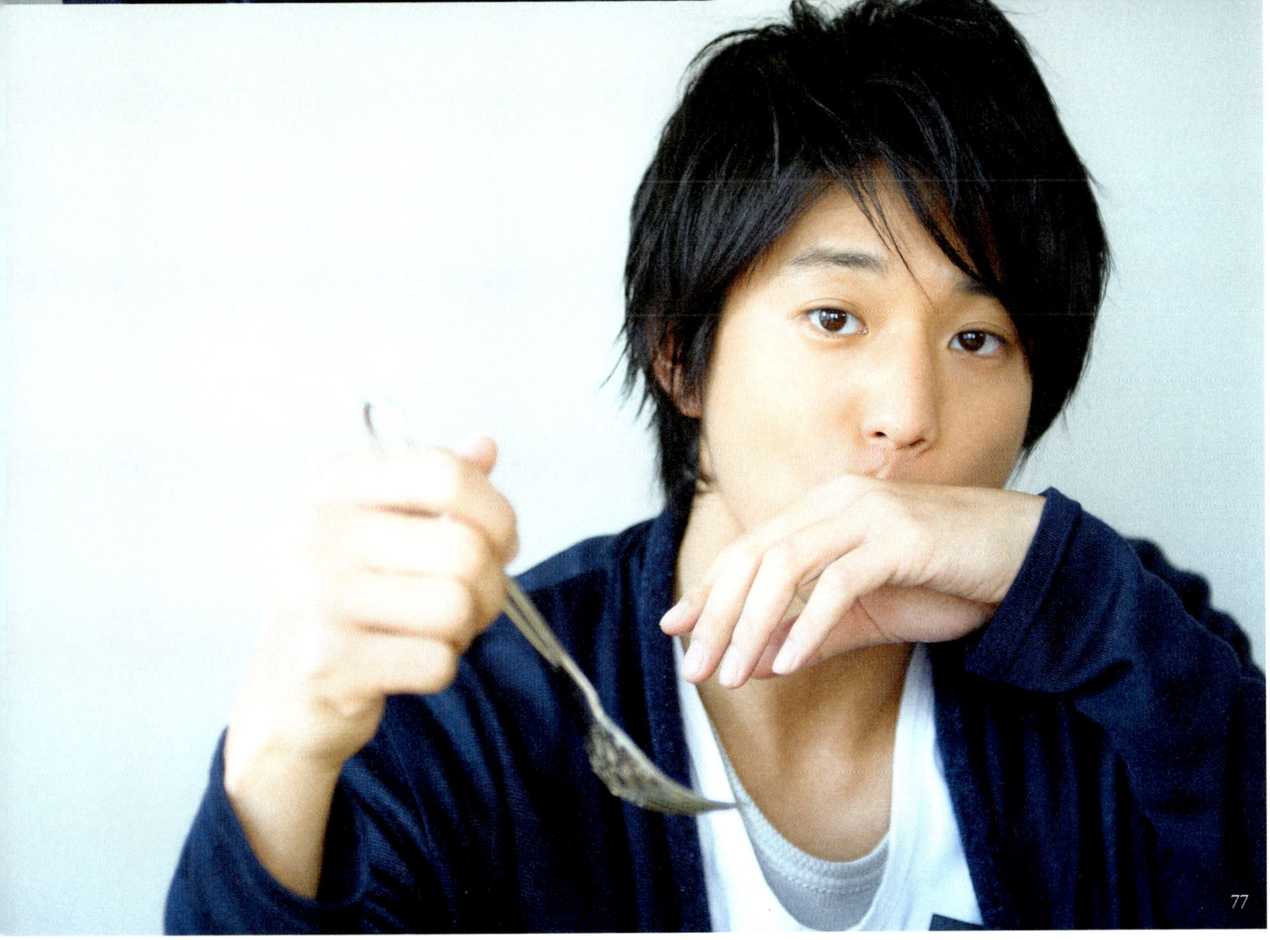

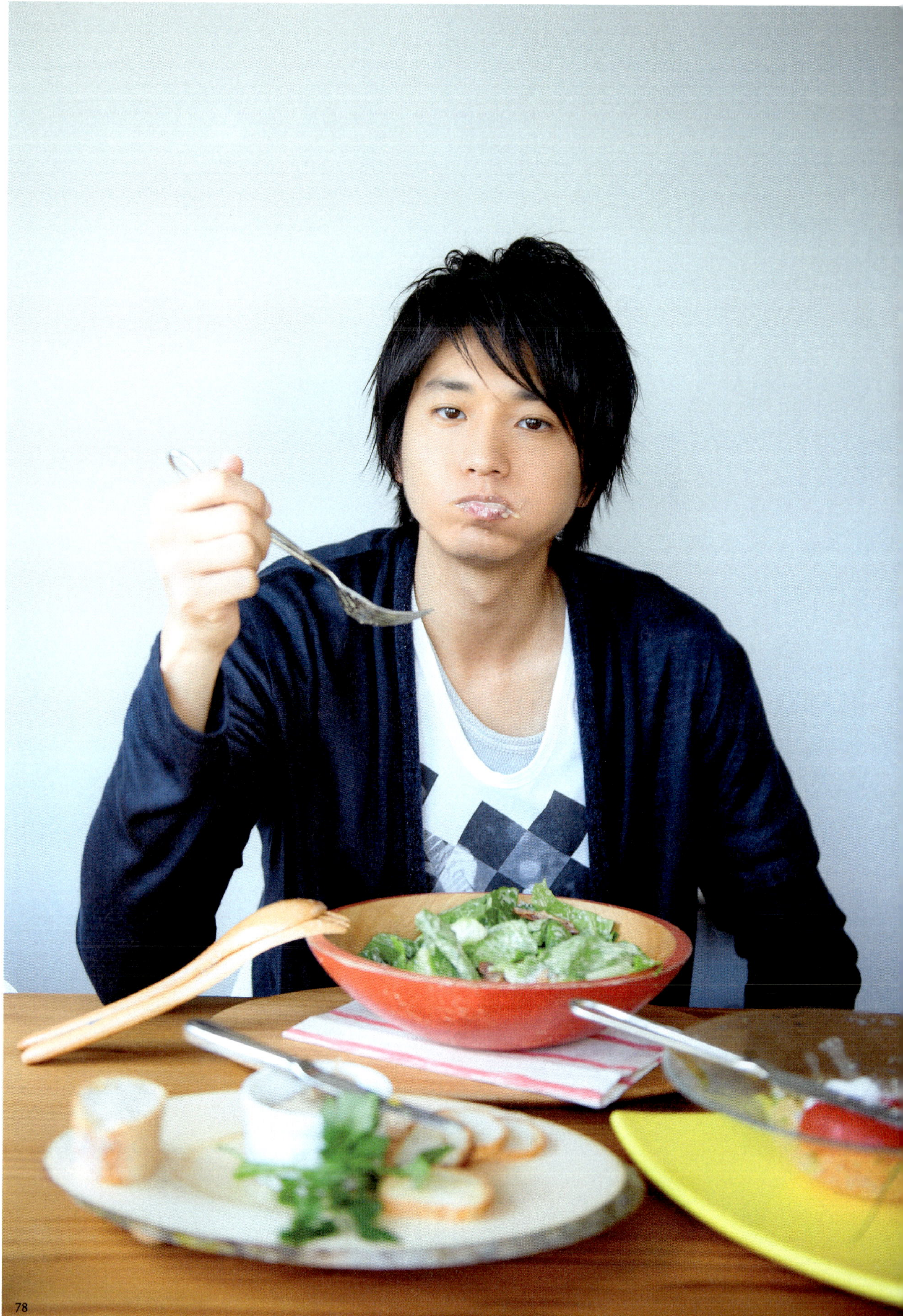

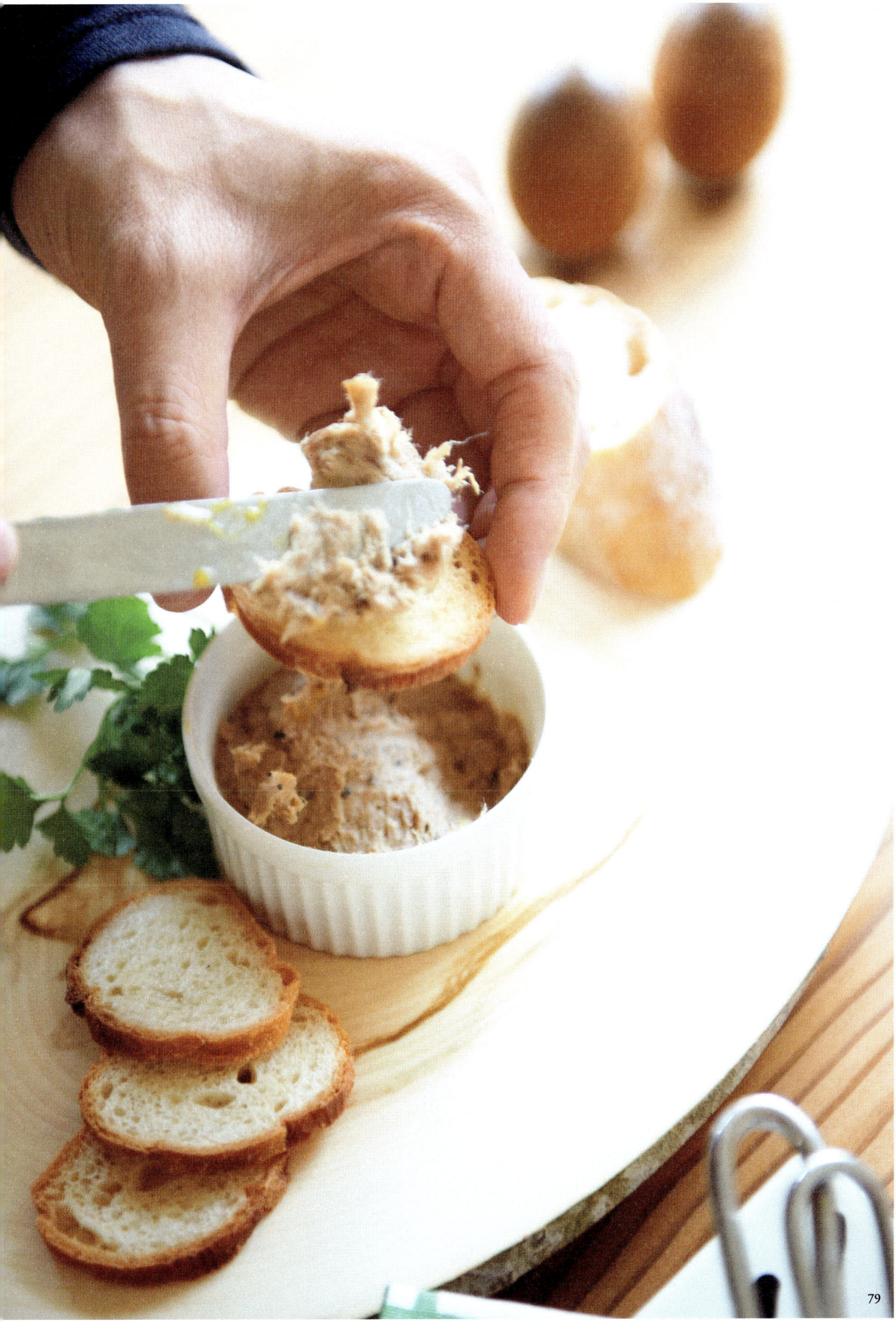

Column 03

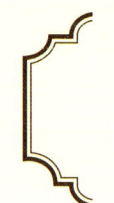

フレンチ・ソース&トッピングをマスター!
いろいろ使える! 簡単!

いろんな料理に登場する代表的なフレンチ・ソースも、実は超簡単に手作りできる!
1度マスターしてしまえばアレンジや応用も利いて、料理の幅が格段に広がります。

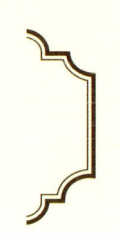

マヨネーズ

サラダにマリネに、と大活躍。毎日使う量だけ作って使いきって(P12、25、28、45、47、74で使用)。

材料(約2/3カップ分)
卵黄　1個分
白ワインヴィネガー　大さじ1強
塩　小さじ1
こしょう　少々
マスタード　小さじ1
サラダ油　2/3カップ

作り方

ボウルが滑らないように、ねじって輪にした布やタオルを下に敷く。卵黄、白ワインヴィネガー、塩、こしょう、マスタードの順に加え、ホイッパーの先を使って空気をあまり入れないように混ぜる。

少しずつサラダ油を加え、その間休まず混ぜ続ける。一気に油を入れると分離するため。

角が立つくらいの固さまでしっかり混ぜればできあがり。

ヴィネグレットソース

肉、魚、野菜などに幅広く使える。油は酢と混ざりにくいので、少量ずつ加えて(P22で使用)。

材料(約2/3カップ分)
白ワインヴィネガー　大さじ2
(赤ワインヴィネガーでも可)
塩、こしょう　少々
マスタード　小さじ2
オリーブオイル　2/3カップ

作り方

白ワインヴィネガー、塩、こしょう、マスタードの順に加え、ホイッパーを使ってよく混ぜる。オリーブオイルを少しずつ入れ、よく混ざったらできあがり。

ベシャメルソース

ホワイトソースのこと。電子レンジを使えば手軽かつ上手に作れる。グラタンなどに（P71で使用）。

材料（約2カップ分）
バター　20g
小麦粉　20g
牛乳　2カップ
塩、こしょう　少々
ローリエ　1枚

電子レンジに何度も入れ、少しずつ加熱するのがミソ。

作り方

大きめのボウルにバター、小麦粉を入れ、電子レンジで1分加熱する。電子レンジから取り出し、ゴムべらを使ってよく混ぜる。

フツフツと沸き立つ状態になるまで、さらに1分加熱し、再びよく混ぜる。

常温に戻した牛乳を少しずつ入れ、ダマができないようにホイッパーでよく混ぜ、塩、こしょう、ローリエを加える。電子レンジに入れ、途中で2〜3回取り出して混ぜながら8分加熱する。

どろりとした質感が出たらできあがり。

香草パン粉

肉や野菜に振りかけて焼くだけで香ばしい一品に。冷凍庫で約1カ月保存できて便利（P42で使用）。

材料（約130g分）
生パン粉　100g
パセリざく切り　3本分
にんにくみじん切り　1/2かけ分
オリーブオイル　少々

作り方

すべての材料をフードプロセッサーやミキサーに入れ、パセリの色がパン粉に移るくらいまでよく混ぜ合わせたらできあがり。

Column 04

仕上がりプロ級をお約束。
調理をアップグレードしてくれる精鋭たち。

今持っている鍋やフライパンでももちろん調理できるけど、焦げたり引っ付いたりという失敗を減らすなら、道具の力に頼るのが一番の近道。備えておくと料理が楽になる小道具も。

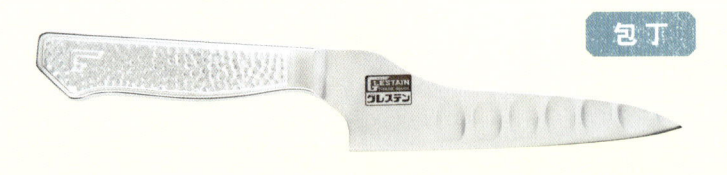

包丁

用途に合わせて2本を用意。

皮むきに向くペティナイフと、野菜や肉を切るのに適した刃渡り約20cmの1本を。上・刃渡り14cmと小型だが、変形なのでざくざく切れる。刃に沿って溝が入り、素材離れ抜群。グレステン ペティナイフ 814TUMM ¥11550（ホンマ科学 ☎025・757・2493） 下・刀身と柄が一体で衛生的。グローバル G-46 三徳 ¥8400（吉田金属工業 ☎03・6277・8230）

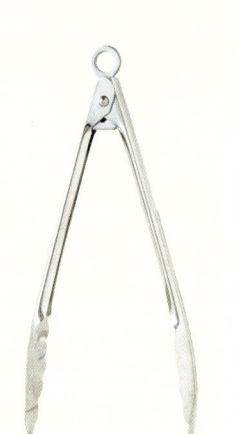

耐熱ゴムべら

炒める、混ぜる…幅広く大活躍。

鍋底をしっかりかき混ぜられるため、焦げ付き防止にも効果あり。フライングソーサー オリジナルクッキングスパチュラ 左、中・レギュラータイプ 各¥1680 右・スリムタイプ ¥1260（フライングソーサー中野本店 ☎03・3387・5474）

トング

大きめの材料も手早く扱える。

大きい肉やごつごつした貝類を焼くとき、素材をひっくり返したり、フライパンから取り出したりする場面で役に立つ。不器用な人には特におすすめ。1度使えば手放せなくなる。¥198（カンクマ／ニイミ洋食器店 ☎03・3842・0213）

鍋

鍋選びは底の厚さが決め手！

鍋底の厚いステンレス製がベスト。底が薄いと焦げ付きの原因に。使いやすい直径約20cmのものと、一回り小さいものがあれば万全。左・服部栄養専門学校の校長、服部幸應さんがプロデュース。ジオ・プロダクト 両手鍋20cm ¥10500（宮崎製作所 ☎0256・64・2773） 上・プロデンジ シチューパン 15cm ¥8804（本間製作所／ニイミ洋食器店）

フッ素樹脂加工で料理が楽に。

最近はプロでもフッ素樹脂加工のものを使用する人が増加。あまり安すぎない上質なものを選べば、耐久性にも満足できる。イッタラ オールスティール フライパン28cm￥15750（スキャンデックス☎03・3543・3453）

フライパン

木べら

多彩な場面で役立つ道具。

先が斜めのものが一般的だが、丸いタイプのほうが使い勝手がいい。フライパンで炒めるときフッ素樹脂加工を傷つけず安心。鍋底をかき回すのにも。マトファー 木べら300mm￥1365　250mm￥1208（マトファー ジャパン☎078・333・1621）

レードル

フレンチに適したプロ級調理小物。

鍋のサイズに合わせて揃えるのが理想。横レードルは鍋底の隅々まで届き、盛り付けやすい。丸レードルはスープをたっぷりすくえる。ユキワ 横レードル90cc￥516　丸レードル144cc￥516（三宝産業／ニイミ洋食器店）

ターナー

素材の形をくずさずさっと移動。

焼き上がった肉や魚をフライパンからさっと取り出すときに。まな板で切った野菜をのせ、フライパンや鍋に移動させるのにも役立つ。パレットナイフのように使えるスリムタイプも。￥910（江部松商事／ニイミ洋食器店）

ディスペンサー

ソースの添え方も一気に上達。

フレンチで絶大な威力を発揮する意外な小道具、ディスペンサー。皿にソースで絵を描くとき、手元が狂わず安心。オリーブオイルやドレッシングなども少量ずつ使えるのがいい。100円ショップやホームセンターなどで購入可。

ピーラー

するっと薄く、無駄なくむける。

東京・合羽橋にある包丁専門店のオリジナルピーラー。刃の角度が絶妙で、じゃがいもやにんじんの皮などを非常に薄くむくことができる。プロの料理人にも愛用者多数。￥300（合羽橋 つば屋庖丁店☎03・3845・2005）

Desserts

[デザート]

洋梨とチーズのタルト
Tarte aux poires et fromage

材料
洋梨　½個
グリュイエールチーズ　20g
冷凍パイシート　½枚
ピスタチオ粗みじん切り　10粒分

作り方
1. オーブンシートの上に冷凍パイシートをのせ、180℃のオーブンで10分焼く。パイシートが膨らんできたら上にバットなどをのせ、薄く焼き上げる。
2. 洋梨は皮付きのまま3mmの薄切りにして、1のパイの上に敷き詰める。グリュイエールチーズを上からかけ、ピスタチオを振りトースターで軽く焼く。

Point!
冷凍パイシートはそのまま放っておくとオーブンの中で膨らんでくるので、様子を見ながら重しをするのが薄く仕上げるコツ。チーズと洋梨のマッチングが衝撃的。

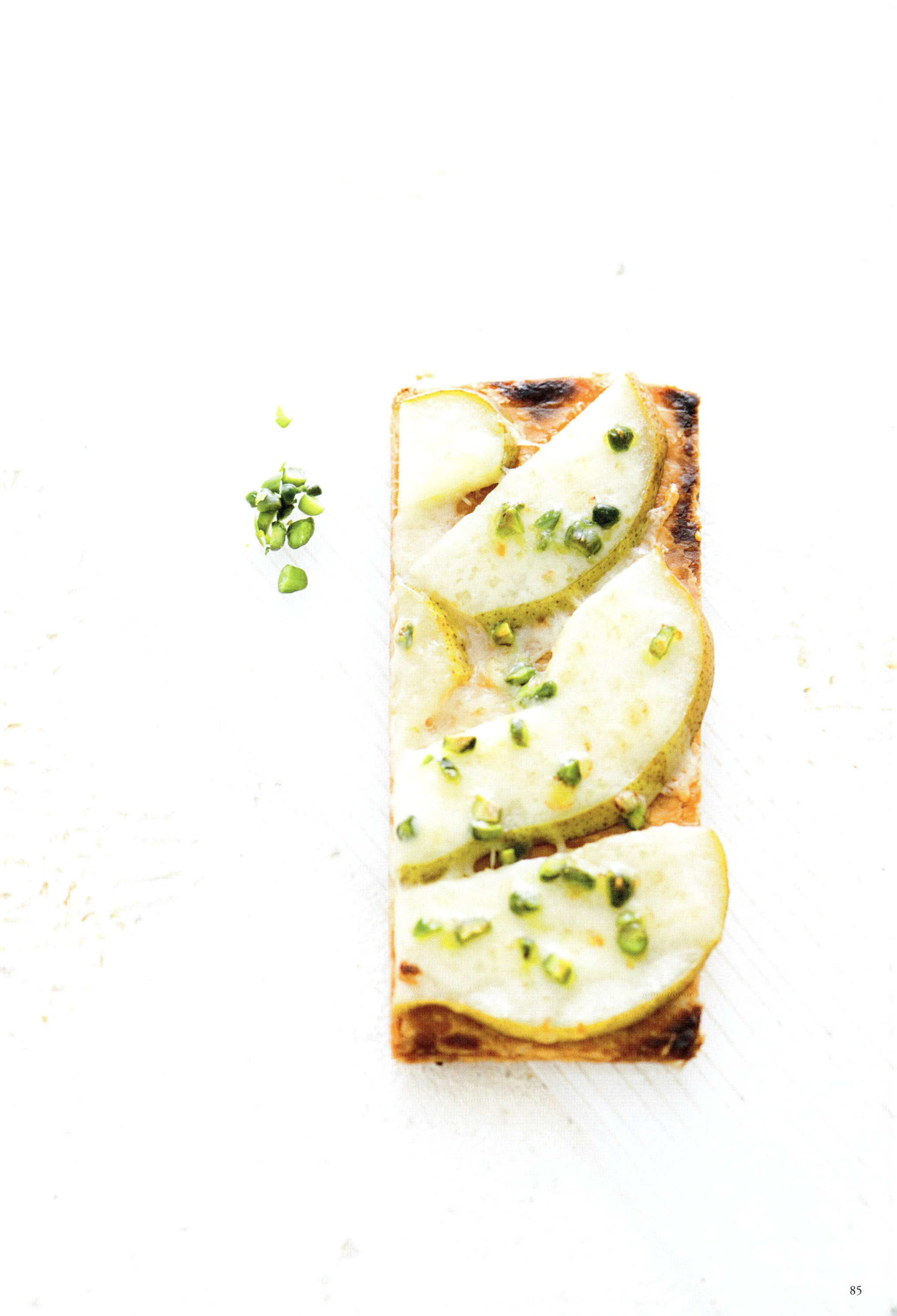

Desserts [デザート]

材料（作りやすい分量）
オレンジ　1個
グレープフルーツ　1個
ルビーグレープフルーツ　1個
みかん　2個
グラニュー糖　適量
バジル千切り　1～2枚分
ペルノー酒　数滴

作り方
1. オレンジ、グレープフルーツ、ルビーグレープフルーツは皮をむき、薄皮もむいて果肉を取り出す。そのとき、薄皮に残った果肉をすべて絞り、汁を別に取っておく。みかんも皮をむき、果肉を取り出し、薄皮につまようじで数カ所穴を開ける。
2. ボウルに1の汁を入れ、グラニュー糖を加えて好みの甘さにする。
3. 2に1の果肉を入れ、バジル、ペルノー酒を加えて浸し、器に盛り付ける。

Point!
ペルノー酒は南仏で飲まれる酒。香りがよくて柑橘に本当によく合う。なければオレンジキュラソー、コアントロー、甘口白ワインでも。ほかの果物を加えてもうまいよ。

柑橘のマリネサラダ バジリコ風味
Salade d'agrumes au basilic

赤いベリーの瞬間アイスクリーム
Glaces minutes aux fruits rouges

材料
フランボワーズ（冷凍）　150g
サワークリーム　2/3カップ
コンデンスミルク　1/4カップ
ダイエットシュガー（粉末）　大さじ1

作り方
1. フードプロセッサーかミキサーの容器の部分を冷凍庫に入れて冷やしておく。
2. 1にすべての材料を入れ、滑らかになるまでしっかりと混ぜ合わせ、器に盛り付ける。

Point!
普通の砂糖だと果物の水が出てしまうから、ここではダイエットシュガーを使用するのがミソ。ミキサーの容器も含めて、すべての材料を忘れずきちんと冷やしておいて。

パンペルデュ
Pain perdu

材料
バゲット　約18cm
卵　1個
グラニュー糖　1/3カップ
生クリーム　1/4カップ
牛乳　1/4カップ
バニラエッセンス　少々
バター　25g
シナモンパウダー　少々
粉砂糖　少々
メープルシロップ　少々

作り方
1. バゲットを2.5～3cm厚さに切り分ける。
2. 卵、グラニュー糖、生クリーム、牛乳、バニラエッセンスを混ぜ合わせ、ざるで漉す。
3. 2に1を入れ、1時間ほど浸す。
4. フライパンにバターを入れて溶かし、3を入れて弱火で両面に焼き色を付ける。火が通ったら皿に盛り付ける。
5. シナモンパウダー、粉砂糖、メープルシロップをかける。

Point!
バゲットは完全に汁がなくなるまでしっかりと漬け込んで。フライパンで焼くとき、焦げやすいので弱火でじわじわと。バゲットの中まで火をしっかり通すのが肝心。

Desserts [デザート]

薄焼きリンゴのタルト
Tarte fine aux pommes

材料
リンゴ（紅玉）　2個　　　バター　適量
冷凍パイシート　1枚　　　アーモンド、クルミなどナッツ類　15g
グラニュー糖　適量　　　　レーズン　10g

作り方
1. リンゴは皮をむいてそれぞれ12等分に切る。
2. 持ち手まですべて耐熱のフライパンにグラニュー糖1/3カップを入れて加熱し、カラメル状にする。1のリンゴを加えて中火で炒め、軽く火が通ったらバター20gを加えてさらに炒め、バットに取る。
3. 冷凍パイシートをフライパンの大きさに合わせて丸く切り、フォークで数カ所に穴を開けて200℃のオーブンで8分ほど焼く。
4. ナッツ類とレーズンを細かく刻む。フライパンにバター少々を塗ってグラニュー糖少々を振りかけ、ナッツ類とレーズンをのせて、上にリンゴを隙間なく並べる。
5. 3を一番上にのせ、フライパンごと200℃のオーブンに入れて10～15分焼く。
6. オーブンから取り出したフライパンに皿をかぶせ、ひっくり返す。食べやすいように切り分け、器に盛り付ける。

Point!
ゴロゴロしたリンゴの食感が最高！　リンゴを炒めるとき弱火だと水が出ちゃうから、中火でさっと仕上げて。フライパンが入るオーブンがなければ耐熱容器で作っても。

イチゴのロマノフ
Fraises Romanoff

材料
- チーズ蒸しパン　½個
- イチゴ　6粒
- 砂糖　大さじ3
- オレンジキュラソー　大さじ1
- ブランデー　大さじ1
- マスカルポーネチーズ　60g
- 卵黄　1個
- 生クリーム　½カップ
- ミントの葉　少々

作り方
1. チーズ蒸しパンを2cm角に切り分ける。
2. イチゴを4等分に切り、砂糖大さじ1、オレンジキュラソー、ブランデーをかけ、和える。
3. ボウルにマスカルポーネチーズ、卵黄、砂糖大さじ2を入れてよく混ぜ合わせ、別のボウルで8分立てにした生クリームと合わせる。
4. 器に1を盛って2をのせ、3を上からかけてミントを飾る。

Point!
生クリームを泡立てるとき、固くなりすぎないように気をつけて。オレンジキュラソーがなければ、コアントロー、グランマニエなど、香りがいい酒を使ってもいい。

C'était délicieux!

洗いものって
片付いていくのが
けっこう楽しい♪

A propos de "Hungry!"

プロダクションノート
『ハングリー!』の現場から。

悪天候と厳しい寒さにも負けず、11年12月1日から始まったドラマ撮影。向井さんはベース演奏・調理と、技術的にも難しい演技が要求される役どころ。プロデューサーと料理監修者が、ドラマができるまでの製作秘話、現場での彼の素顔を明かします。

● 「料理上手な向井理さん主演で、レストランを舞台にしたコメディを作りたい。そこから始まったんです」と言うのは、企画から携わる平部隆明プロデューサー。フレンチに決定したのは、話題の新店が増えるなどブームでもあるし、堅苦しいイメージとロックとのギャップが面白いから。
● 撮影に備え、服部栄養専門学校で料理練習を2回ほど体験。「調理の経験があるだけに、向井さんは最初からかなり上手でした」とドラマの料理監修を行う佐藤月彦先生。
● 登場するレストランごとにメニューを差別化。「英介の『ル・プティッシュ』は肉料理が多めで男っぽく。母・華子の場合は、20年ほど前にフランスから帰って来たという設定を彷彿とさせるものを、『ガステレア』は演出多彩で華やかなスペインのエル・ブリ風のものを考案しました」(佐藤先生)。
● 「英介役が想像以上にはまっていて、あんなに柄の悪い向井さんは初めて見た」(平部氏)と現場の全員が絶賛。

1・2 11年12月1日にクランクイン。悪天候のため、屋外での撮影が中断することも。3・4 料理同様、楽器演奏も撮影前からスタジオで練習を重ねた。映画『BECK』でもベースを弾いた向井さんは安心感のある演奏。塚本高史さんは陣内孝則さんから譲り受けたという愛用ギター、フェンダーのストラトキャスターを持参し、凄腕を披露。5・6・7 撮影は集中しながらも和気あいあいと。ただ連日深夜に及ぶため、ときにちょっとお疲れも? 8 撮影前、料理学校での調理練習中の風景。味見させようと、共演の石黒英雄さんの口に何かを放り込む向井さん。

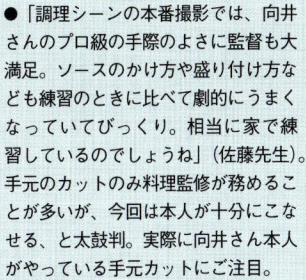

● 「調理シーンの本番撮影では、向井さんのプロ級の手際のよさに監督も大満足。ソースのかけ方や盛り付け方なども練習のときに比べて劇的にうまくなっていてびっくり。相当に家で練習しているのでしょうね」(佐藤先生)。手元のカットのみ料理監修が務めることが多いが、今回は本人が十分にこなせる、と太鼓判。実際に向井さん本人がやっている手元カットにご注目。
● 元バンドメンバーという設定の4人は、吹き替えなしで実際に演奏して撮影。「ほぼ同世代のため、すぐに打ち解けて仲良しに。音楽の話などで盛り上がり、朝まで飲み明かすこともあるみたいですよ」(平部氏)。
● 第1話、母の作ったまかないのポトフを食べるシーンでのこと。「夕飯の後すぐの撮影だったのに、向井さんはリハーサルからペロリと完食。実はセロリが嫌いだそうですが、難なく食べられたそうです。それくらいおいしかったみたいでうれしいですね」(佐藤先生)。おいしそうな食べっぷりに、監督も食べたいと言い出したほど。

9 撮影中も料理や食材に興味津々の向井さんと川畑さん。10 料理監修、佐藤先生が付きっきりで教えてくれる。11 撮影用に用意された料理でもおいしく味付け済み！ 12 ミュージシャンという設定らしく店内セットのいたるところに楽器が。13 第1話で、レストランに集まった音楽仲間にポムフリットを出すシーン。華子の時代にパティシエ見習いだった睦子役の片桐はいりさんとも、息の合った演技で魅了。14 第1話で倉庫を改装するシーンのオフショット。15・16・17 撮影したときに画面で映えるよう、冷蔵庫などキッチン什器は通常よりちょっと大きめ。向井さんの身長に合わせ、全体の高さも計算しているそう。

材料別インデックス

[野菜]

●じゃがいも
鱈のコロッケ　P12
ブルーチーズのドフィノワ　P18
アッシパルマンティエ　P19
鶏のポトフ　P38
じゃがいものスープ　P40
牛肉のグリル じゃがいものピュレ添え　P55
じゃがいもとローズマリーの薄焼きタルト　P73
チーズのガレット　P74

●にんじん
鶏肉のエスカベッシュ　P19
野菜のテリーヌ　P24
にんじんラペサラダ　P27
野菜のグレック　P27
にんじんのムース　P29

●トマト
オムレツのフレッシュトマトソース　P16
トマトで包んだ魚介のファルシ トマトのジュレを添えて　P25
ラタトゥイユ　P26
トマトと白インゲン豆のスープ　P41
白身魚のバスク風　P44

●キャベツ
野菜のテリーヌ　P24
豚バラ肉の煮込み キャベツ添え　P55
シューファルシ　P57

●玉ねぎ
ラタトゥイユ　P26
野菜のグレック　P27
ニース風オニオンタルト　P28
オニオングラタンスープ　P39

●赤ピーマン
白身魚のバスク風　P44
ホタテ貝のソテー 赤ピーマンとにんにくのソース　P49

●かぶ
鯛の蒸し物 アサリとかぶのスープ仕立て　P45
鯛のソテー シャキシャキ野菜のスープ仕立て　P48

●サラダ用の葉野菜類
ニース風サラダ　P22
シーザーサラダ　P28

[肉]

●牛肉
アッシパルマンティエ　P19
牛肉のグリル じゃがいものピュレ添え　P55
シューファルシ　P57
ハッシュドビーフ　P70

●豚肉
豚のリエット　P14
豚バラ肉の煮込み キャベツ添え　P55
シューファルシ　P57
豚肉のロティ キノコ添え　P58

●鶏肉
鶏肉のエスカベッシュ　P19
鶏のポトフ　P38
鶏肉のコンフィ　P52
鶏のヴィネガー風味　P54
若鶏のグランメール風　P56
鶏の赤ワイン煮込み　P58
鶏のエピス焼き　P74

[魚介類]

●魚
鱈のコロッケ　P12
鯵のリエット サラダ添え　P15
スモークサーモンのムース　P18
白身魚のバスク風　P44
イサキのロール焼き　P45
鯛の蒸し物 アサリとかぶのスープ仕立て　P45
サーモンのソテー タプナード添え　P46
魚のブレゼ ニース風　P46
簡単ブイヤベース　P47
鯛のソテー シャキシャキ野菜のスープ仕立て　P48
白身魚のベーニェ　P72
マグロとアボカドのタルタル　P74

●貝類
ツブ貝のエスカルゴ風　P16
トマトで包んだ魚介のファルシ トマトのジュレを添えて　P25
鯛の蒸し物 アサリとかぶのスープ仕立て　P45
魚のブレゼ ニース風　P46

簡単ブイヤベース　P47

鯛のソテー
シャキシャキ野菜の
スープ仕立て　P48

ホタテ貝のソテー
赤ピーマンとにんにくの
ソース　P49

ライスグラタン　P71

●甲殻類

トマトで包んだ魚介のファルシ
トマトのジュレを添えて　P25

ラングスティーヌの
香草パン粉焼き　P42

簡単ブイヤベース　P47

ライスグラタン　P71

［卵］

オムレツのフレッシュ
トマトソース　P16

パンペルデュ　P87

［豆］

トマトと白インゲン豆の
スープ　P41

［果物］

洋梨とチーズのタルト　P84

柑橘のマリネサラダ
バジリコ風味　P86

赤いベリーの
瞬間アイスクリーム　P87

薄焼きリンゴのタルト　P88

イチゴのロマノフ　P89

［乳製品］

●チーズ

ブルーチーズのドフィノワ　P18

スモークサーモンのムース　P18

シーザーサラダ　P28

チーズのガレット　P74

チーズフォンデュ　P74

洋梨とチーズのタルト　P84

イチゴのロマノフ　P89

●生クリーム

にんじんのムース　P29

パンペルデュ　P87

イチゴのロマノフ　P89

●牛乳

じゃがいものスープ　P40

パンペルデュ　P87

向井 理　Osamu Mukai

1982年生まれ、神奈川県出身。明治大学農学部で遺伝子工学専攻後、バーテンダーを経て06年デビュー。10年に出演したNHK連続テレビ小説『ゲゲゲの女房』で一躍注目を集める。11年はNHK大河ドラマ『江〜姫たちの戦国〜』や初舞台『ザ・シェイプ・オブ・シングス〜モノノカタチ〜』、主演映画『僕たちは世界を変えることができない。』など活躍の場を拡大。ほかにも映画『BECK』『Paradise Kiss』など出演作多数。

Staff
写真：加藤亜希子（向井さん／Image）
　　　佐藤 朗（料理・道具）
スタイリスト：三島和也（Tatanca）
ヘア＆メーク：晋一朗（Tatanca）
料理監修：佐藤月彦（服部栄養専門学校）
料理製作：服部栄養専門学校 西洋料理講師
　　　　　酒井文彦
　　　　　関口智幸
　　　　　小高勇介
　　　　　中村 哲
　　　　　幸田健太郎
　　　　　池田晃久
料理スタイリング：結城摂子

ドラマスチル：桂 修平
取材・文：いなもあきこ
デザイン：近藤みどり
校正：東京出版サービスセンター
編集：松浦立依
撮影協力：ato/ato AOYAMA
　　　　　☎ 03-5474-1748
　　　　　LITHIUM HOMME
　　　　　☎ 03-3499-8873
　　　　　DIESEL/DIESEL JAPAN
　　　　　☎ 0120-55-1978
　　　　　Three Bumps BLACK LABEL/
　　　　　VILLAGE
　　　　　☎ 03-3405-8528
　　　　　Coal Black/COAL BLACK
　　　　　FLAGSHIP SHOP TOKYO
　　　　　☎ 03-5784-5856
　　　　　丸二青果
協力：関西テレビ　ホリプロ
アーティストマネジメント
　　：（株）ホリ・エージェンシー

向井 理、ビストロ修行
ハングリー！な簡単レシピ53

2012年1月31日　第1刷発行

著者　向井 理

発行者　石﨑 孟
発行所　株式会社マガジンハウス
〒104-8003　東京都中央区銀座3-13-10
受注センター　☎ 049-275-1811
書籍編集部　☎ 03-3545-7030
印刷・製本所　凸版印刷株式会社

©2012 Osamu Mukai, Printed in Japan
ISBN978-4-8387-2387-4 C0077

乱丁本、落丁本は購入書店明記のうえ、
小社製作部宛にお送りください。
送料小社負担にてお取り替えいたします。
定価はカバーと帯に表示してあります。

本書の無断複製（コピー、スキャン、デジタル化等）は禁じられています
（但し、著作権法上の例外を除く）。
断りなくスキャンやデジタル化することは著作権法違反に問われる可能性があります。

http://magazineworld.jp/